*A mio figlio Leonardo,
con l'augurio che nella sua vita
possa fare ed essere
ciò che lo rende più felice.*

Copertina: Selene Rossi

© 2022 Mediosfera, Milano
www.Mediosfera.it

Le informazioni contenute nel testo che segue sono state raccolte con diligenza e in buona fede tra l'autunno del 2011 e la primavera del 2012 e, ove possibile, scrupolosamente verificate su più fonti. Nel caso in cui tuttavia vi si ravvisassero eventuali imprecisioni vi preghiamo di segnalarlo tempestivamente all'indirizzo e-mail indicato di seguito, che vi invitiamo ad utilizzare anche per commenti, critiche e suggerimenti.

L'Autore
fiorini@mediosfera.it

STORIA DEL TRADING ONLINE

Dalle origini al boom

Andrea Fiorini

INTRODUZIONE

La convergenza di finanza, informatica e telecomunicazioni

Come per quasi tutti i fenomeni storici, non esiste una data di inizio del trading online, un momento preciso della sua creazione. Vi è invece una lunga teoria di eventi, di persone, di scelte, di processi avviati e poi interrotti, ripresi e portati a termine, che nel loro sviluppo hanno preso a volte direzioni impreviste e inattese.
Il trading online fonde infatti le esperienze e le competenze di due settori principali: la finanza (l'insieme delle attività che implicano transazioni di capitali quindi non di beni materiali) e la telematica. Un termine, quest'ultimo, forse desueto ma quanto mai di attualità, visto che negli ultimi anni la diffusione della banda larga via filo e via radio ha dato vita a una profonda compenetrazione tra gli operatori e

le tecnologie delle telecomunicazioni e quelli dell'"informatica" strictu senso. Un termine, quest'ultimo, coniato nel 1962 dallo scienziato Philippe Dreyfus attraverso l'unione delle parole francesi "information" e "automatique" con il significato di trattamento dell'informazione mediante automatismi. E "telematica" nasce appunto dalla fusione di "informatica" e "telecomunicazioni" (comunicazioni a distanza) nel senso di "trattamento automatizzato delle informazioni a distanza".
Finanza, informatica e telecomunicazioni si sono quindi incontrati dopo un lungo cammino, iniziato, per quanto riguarda il primo settore, nel VII secolo a.C. in Anatolia con l'invenzione della moneta; per il secondo, nel XVII secolo d.C. con le applicazioni sviluppate da Blaise Pascal e da Gottfried Leibniz sulla base di riflessioni filosofiche ed esperimenti tecnologici la cui origine si perde nella notte dei tempi e, nel terzo, nell'accezione qui presa in esame, con gli studi sulle onde radio e sull'elettromagnetismo di inizio '800. L'accelerazione del processo di sviluppo di informatica e telematica avviene a partire dalla Seconda Guerra Mondiale. In questi anni, dal 1943 in particolare, le potenze militari di Europa, America e Asia riversano sull'apparato bellico e industriale il potenziale tecnologico sviluppato in fretta, con grande urgenza e determinazione nel corso di un convulso e sanguinoso esiguo numero di anni che rappresentano una vera e propria lotta per la sopravvivenza delle nazioni coinvolte, in cui tutte le risorse economiche, intellettuali, militari, alimentari, vengono centralizzate e coordinate con un unico scopo: combattere e prevalere sul nemico. La successiva Guerra Fredda spinge poi molte nazioni non solo a proseguire nello sviluppo di armi sempre più potenti e sofisticate, ma anche di tecnologie e relative applicazioni che consentano sia di mantenere la superiorità militare a scopo dissuasivo sia di diffondere

nell'industria e nella società civile le scoperte fatte fino a quel momento. Negli Stati Uniti, in particolare, grazie alle ingentissime commesse del Dipartimento della Difesa, le industrie sviluppano nuovi brevetti che applicano a un'enorme massa di nuovi prodotti e materiali, attività sostenuta dalla ripresa dei consumi e dal diffuso benessere di una nazione non toccata direttamente dalle distruzioni della guerra.

Se il budget della Difesa USA tocca il record storico di 908 miliardi di dollari nel corso degli ultimi anni della Seconda Guerra Mondiale, per poi scendere a 109 miliardi nel 1950, la guerra di Corea (1955) riporta subito gli investimenti del Pentagono ad oscillare attorno ai 300-400 miliardi di media, rimasti a quella quota fino al nuovo picco delle guerre in Afghanistan e della seconda guerra in Iraq degli Anni 2000.

Quest'intensa ed euforica attività di ingegneria inversa (in inglese: reverse engineering), cioè di applicazione civile di prodotti sviluppati per il settore militare, porterà non solo, trent'anni dopo, al trading online passando per le tecnologie di rete, ma anche ad eccessi (molto "americani", del resto) come quelli raccontati da Philip Corso, tenente colonnello dell'esercito USA, nel libro The day after Roswell (Il giorno dopo Roswell) pubblicato nel 1997, in cui afferma che numerose tecnologie tra cui i transistor, il laser, le fibre ottiche, la visione notturna a raggi infrarossi, il kevlar e i microcircuiti integrati sarebbero derivati dall'analisi dei resti di un disco volante alieno recuperato dal governo statunitense nel 1947.

In questo clima di benessere, guerra fredda, capitalismo industriale sfrenato strettamente legato alle esigenze del governo ed espansione degli interessi degli Stati Uniti a livello planetario, s'inserisce la convergenza sopra ricordata di finanza e telematica, realizzatasi soprattutto per sostenere l'enorme aumento degli scambi di borsa registratosi a partire dal dopoguerra. Un aumento non più gestibile solo da operatori umani attraverso la posta, il telefax o il telefono, strumenti travolti da un'incredibile mole di ricevute cartacee generate dalle contrattazioni ormai in fase di crescita esplosiva.

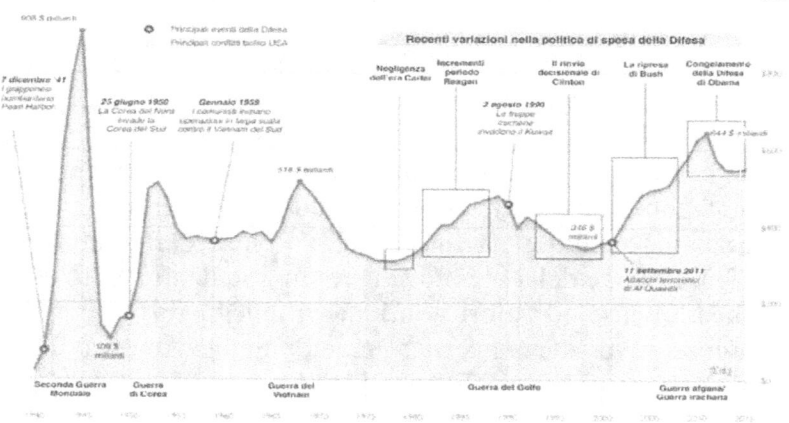

Figura 1 - Il grafico rappresenta la spesa degli Stati Uniti per la difesa dalla Seconda Guerra Mondiale a oggi. Il picco del conflitto mondiale, mai più raggiunto, ha contribuito allo sviluppo della tecnologia in molti settori, tra cui le reti informatiche, l'hardware e il software. Fonte: Heritage Foundation

Basti pensare che agli inizi degli Anni '50 negli Stati Uniti vengono scambiate 350.000 azioni all'anno, numero che alla fine della decade diventa di 800.000 unità e di 2 miliardi alla fine degli Anni '60. Una ricerca dell'American Stock Exchange realizzata proprio all'inizio degli Anni '60 mette in evidenza come gli errori di registrazione degli ordini cartacei portino agli Stati Uniti sprechi per oltre 100 milioni di dollari all'anno. Una convergenza che porta ricchezza, posti di lavoro e incremento del benessere ma

che, deregolamentata all'eccesso proprio nel Paese in cui si è sviluppata, condurrà alla crisi economico-finanziaria che in questo momento tutti noi stiamo vivendo. Le borse telematiche, i derivati online, l'high-frequency trading, la negoziazione di capitali fine a se stessa e senza alcuna ricaduta benefica sull'economia reale e sulla società, sono solo alcuni degli elementi alla base della situazione attuale. Buoni strumenti utilizzati male, senza una reale supervisione da parte della politica e ora parzialmente fuori controllo.
La soluzione non è, tuttavia, spegnere l'interruttore. È piuttosto l'immaginare e applicare concretamente un modo nuovo di utilizzare gli strumenti che la tecnologia ci ha messo a disposizione. Come? Un piccolo esempio. Tra il 2001 e il 2002 ho promosso la creazione sul settimanale "Borsa&Finanza" (di cui sono caposervizio dal 1999) di pagine operative di finanza etica. Questo non per fare la morale ai lettori-trader/investitori ogni sabato, ma per indicare un punto di partenza molto concreto: che cioè è possibile guadagnare investendo e facendo trading senza però peggiorare ulteriormente il mondo che ci circonda, rinunciando a una piccola percentuale del proprio gain ma selezionando con attenzione le società a cui dare la propria fiducia. Perché ormai ci siamo dimenticati che fare trading significa per lo più negoziare azioni, cioè parti di società. E queste società, queste banche, queste industrie che per molti sono ormai solo ticker, come abbiamo constatato in questi mesi hanno un impatto diretto sulla società, sulle persone, sull'ambiente, su di noi. Andate su Google e inserite le parole "responsabilità sociale delle imprese" o, con il termine anglosassone che va più di moda, "corporate social responsability" (CSR): vi si aprirà un mondo nuovo a cui tanti, da un paio di decenni, stanno già lavorando senza riuscire a fare abbastanza rumore.

Ma prima di arrivare alla fine della storia, cioè a oggi, il percorso sarà lungo e ricco di eventi. Come anticipato, il trading online si basa sulla convergenza della finanza con l'informatica, anzi con la sua evoluzione, che è la telematica. Si tratta cioè di computer interconnessi in grado di scambiarsi dati legati a transazioni di capitali attraverso mercati più o meno regolamentati. Con "informatica" indichiamo qui sostanzialmente computer (hardware), da una parte, e programmi, applicazioni e linguaggi (software), dall'altra; con "telematica" tutto ciò che consente a due o più computer di comunicare tra loro a distanza, sia via cavo sia via onde radio (senza fili o wireless). Hardware, reti, finanza e software sono quindi i quattro settori da seguire per comprendere come si è arrivati alla situazione attuale. E senza le intuizioni e le idee delle persone che per passione o per lavoro ne hanno spinto l'evoluzione oltre i limiti delle conoscenze di ogni periodo, non sarebbe stato possibile arrivare a negoziare azioni o derivati con apparati degni delle sale operative delle banche più sofisticate, comodamente in casa propria e inviando gli ordini nel giro di qualche millisecondo.

Quanto questo poi sia positivo, lasciamolo dire alle statistiche, che indicano come solo il 20-30% dei trader ottenga risultati positivi dall'attività sui mercati e come invece il 70-80% perda costantemente soldi. Dall'altro lato, però, la stessa attività ha creato migliaia di posti di lavoro e generato numerose ricadute positive sui mercati finanziari, tra cui l'avvio di una lunga fase di sfrenata concorrenza che ha costretto le banche più conservatrici a ridisegnare il proprio business attorno ai clienti piuttosto che solo attorno ai propri interessi.

Dallo Sputnik a Internet

La tecnologia che utilizziamo attualmente per fare trading si è evoluta, a grandi linee, attraverso numerosi balzi che possono essere così schematicamente riassunti:

- prima degli anni '30: elaboratori meccanici;
- inizio anni '30-1936: basi teoriche matematiche del calcolo automatizzato (Alan Turing, Janos Von Neumann ecc.), primi elaboratori;
- 1937 1945: primi elaboratori analogici elettromeccanici e poi digitali elettronici;
- 1950 1969: computer isolati tra loro (dai grandi mainframe ai pc ai minicomputer);
- 1969 1982: computer militari e universitari interconnessi (reti, Arpanet);
- 1977 oggi: computer interconnessi via telefono a nuove reti in espansione (BBS come
- Fidonet, reti alternative come Usenet, servizi online commerciali come CompuServe);
- 1981 oggi: terminali interconnessi in rete chiusa Teletext e Videotex (es. Minitel);
- 1982 1994: computer interconnessi via telefono in rete aperta Internet;
- 1994 2000: computer interconnessi via telefono in rete aperta Internet attraverso World
- Wide Web e browser, convergenza delle altre reti verso Internet;
- 2000 oggi: computer e apparecchi mobili interconnessi in banda larga (ADSL o WiFi) in rete aperta Internet attraverso World Wide Web e browser.

CAPITOLO 1

Dai primi elaboratori ai mercati elettronici

Va detto che i computer e le reti sono composti da decine e decine di componenti che si sono evoluti più o meno parallelamente nel corso del tempo, contribuendo in tempi e modi diversi ai balzi sopra elencati.
Momenti di svolta di questo percorso per il trading online sono stati dunque la Seconda Guerra Mondiale per l'hardware e la capacità di calcolo, gli anni '70 con lo sviluppo delle reti, il 1994 con la nascita del WWW e infine gli anni '90 per lo sviluppo dei servizi evoluti di trading online così come li conosciamo. La recente diffusione a

livello individuale della banda larga sta poi portando a un nuovo salto in avanti per quanto riguarda software e servizi. Il punto di partenza è stato il computer digitale, o meglio, l'elaboratore, che basa la sua esistenza su studi plurisecolari relativi alla capacità di svolgere calcoli complessi e ripetitivi con un limitato intervento umano. Ma senza tornare alla preistoria, è all'inizio degli anni '30 che alcuni matematici come Alan Touring, Gottfried Leibniz o Janos Von Neumann pongono le basi teoriche per lo sviluppo del calcolo computazionale, cioè del modo con cui è necessario fornire dati a una macchina affinché elabori il risultato richiesto.

Il fatto però che soltanto nei primi anni '40 nascano i primi veri computer elettronici digitali che cioè per effettuare calcoli non abbiano parti meccaniche in movimento non è un caso: lo scoppio della Seconda Guerra Mondiale, come già ricordato, spinge la ricerca tecnologica a fini militari a vette mai raggiunte prima, concentrando su specifiche e concrete problematiche lo sforzo delle migliori menti dell'epoca in ogni campo. E proprio dai laboratori e dalle Università statunitensi e britanniche, e in alcuni casi anche da quelle olandesi, usciranno le invenzioni più rivoluzionarie. Il risultato saranno terribili strumenti di distruzione ma anche un'eredità di nuovi prodotti, nuove idee, nuovi campi d'applicazione, nuovi processi e nuovi materiali che cambieranno per sempre (o almeno fino ad ora) il mondo. Dopo una lunga serie di elaboratori meccanici ed elettromeccanici, nel 1936 Alan Touring descrive per la prima volta, ma solo teoricamente, il modello di elaboratore moderno e i suoi componenti, sulla cui base verranno realizzati tutti i prototipi futuri. Il primo computer moderno in assoluto è considerato l'ABC, realizzato nel 1937, che prende il nome dai suoi inventori John Atanasoff e Clifford Berry, da cui Atanasoff Berry Computer, appunto ABC.

Tuttavia l'ABC non è ancora programmabile, un risultato che raggiungerà invece nel 1941 Konrad Zuse con lo Z3. Sempre nel 1937 Koward Aiken, in collaborazione con IBM, realizza un elaboratore elettromeccanico che avrà un grande impatto sul futuro del settore, Mark I.
Le istruzioni vengono impartite al computer attraverso nastri di carta (telescrivente), schede o interruttori, ma la sua particolarità è che viene da subito utilizzato dalla Marina Militare degli Stati Uniti. Il Mark I è alto quasi tre metri, lungo 10, pesa cinque tonnellate ed è raffreddato con il ghiaccio.
Nell'aprile 1943 da due mesi l'Armata Rossa ha respinto Hitler a Stalingrado invertendo le sorti della guerra, mentre a breve l'esercito USA sbarcherà in Sicilia. Nel Pacifico anche il Giappone subisce più di uno stop alla sua inizialmente inarrestabile avanzata aeronavale e proprio in quei giorni è in corso una sanguinosissima battaglia sull'isola di Guadalcanal. La resistenza nippotedesca, per quanto fiaccata, è ancora viva e pericolosa.
Per questo le forze armate sono alla spasmodica ricerca di strumenti che consentano di abbreviare il corso della guerra. Una di queste ricerche verte sulla precisione dei missili balistici lanciati dalle navi e da terra. In questo clima, John Mauchly e John Eckert della Moore School of Engineering, Pennsylvania, sottopongono alle autorità l'ENIAC un progetto di elaboratore programmabile in grado di calcolare in poche ore traiettorie balistiche complesse. La Difesa non esita a comprare il progetto e a realizzarlo, anche se non sarà pronto prima del 1946. Peserà 30 tonnellate su una superficie di 180 metri quadrati. Sempre legato alla guerra è il Colossus, realizzato nel Regno Unito da T.H. Flowers e S.W. Bradhurst della British Telecom con la collaborazione di Alan Touring. Lo scopo è quello di decifrare i messaggi nazisti criptati con la celeberrima macchina Enigma. Il

successo è pieno e Colossus potrebbe diventare la colonna portante dell'industria informatica britannica. Tuttavia Winston Churchill lo fa distruggere alla fine del conflitto per motivi di sicurezza.
Dopo la guerra l'introduzione delle valvole e le nuove teorie sulla programmazione dei computer danno un ulteriore impulso alla nascente industria, che nel 1950 sforna quello che è considerato il primo mini-calcolatore, il Whirlwind, realizzato presso il Masschusset Institute of Technolgy di Boston (MIT). Tre anni prima nei laboratori Bell è venuto alla luce il primo transistor, che verrà prodotto a partire dal 1953, che sostituisce le grosse e ingombranti valvole aprendo la strada alla seconda generazione dei computer elettronici. Dal 1948 IBM avvia la produzione di calcolatori elettronici per le aziende, preceduta di poco dall'UNIVAC fondata da John Mauchly e John Eckert (quelli dell'ENIAC); quest'ultima venderà complessivamente 46 unità dell'omonimo computer al costo di circa un milione di dollari ognuna. Suo concorrente sarà l'EDSAC sviluppato presso l'Università di Cambridge e commercializzato dalla Lyons. Sono questi gli anni dello sviluppo dei primi linguaggi di programmazione. Uno dei primi modelli di UNIVAC viene acquistato dal Governo statunitense per il censimento della popolazione nel 1951, mentre nel 1952 IBM sviluppa il Modello 702 per la Difesa USA.
Nel frattempo, nei Paesi Bassi, W.L. Van der Poel dell'Università di Delft, realizza un elaboratore ancora basato però su relè (già sostituiti dalle valvole).

SAGE, il nonno di Internet

Nel 1953 viene iniziata la costruzione del più potente sistema di elaboratori statunitense, il SAGE (Semi-Automatic Ground Environment), sviluppato per la protezione radar del territorio nordamericano contro possibili attacchi portati da bombardieri sovietici. SAGE (pronunciato "séig" con la "g" finale di gioco, come la parola inglese che significa "saggio") sarà terminato nel 1963 e verrà utilizzato dalla Difesa fino agli anni '80. Quest'ultimo progetto nasce dalle novità geopolitiche uscite dalla guerra che stanno incrinando i rapporti tra ex alleati. La diffidenza tra l'Unione Sovietica e le nazioni americane ed europee sta infatti aprendo una nuova fase: la Guerra Fredda. Il SAGE, che è uno dei più costosi e ambiziosi progetti di tecnologia militare della storia degli Stati Uniti, ha anche il merito di aver fortemente contribuito allo sviluppo delle tecnologie di rete. Non si tratta infatti di un unico mastodontico elaboratore ma di 23 enormi macchine ognuna della quali pesante 113 tonnellate e situata in un bunker protetto presso altrettante sedi segrete sparse per il Nord America, queste ultime organizzate in tre reti separate ma interconnesse tra loro da reti minori, da apparati informatici potenti e ridondanti realizzati per lo più da IBM e Burroughs, e da sofisticati software di gestione della Research and Development (RAND). Quest'ultima, che, come vedremo, avrà un ruolo di primo piano nello sviluppo della rete che diventerà Internet, nel
1955 ha creato la società no-profit System Development Corporation (SDC) e l'ha messa a disposizione della Difesa USA proprio per il progetto SAGE. Le connessioni tra le 23 sedi avvengono attraverso normali reti telefoniche (fornite dalla Bell System) collegate da modem, apparecchi in grado di "modulare-demodulare" i segnali digitali ricevuti, cioè di

interpretarli. I computer del SAGE, gli AN/FQ7, progettati dal MIT Lincoln Laboratory e realizzati da IBM (che dall'operazione ricaverà circa 500 milioni di dollari), vengono nascosti sottoterra a grande profondità; ricevono i dati da un centinaio di radar a microonde inventati dal fisico George Valley sparsi sul continente, li elaborano e consentono risposte militari semi-automatizzate, essendo connessi con sistemi missilistici attivabili a distanza da operatori umani. Per il suo costo enorme (stimato tra gli 8 e i 12 miliardi di dollari dell'epoca), le sue amplissime ricadute tecnologiche, sociali e produttive, dovute al grande sforzo di ricerca e sviluppo avviato in tutte le direzioni dalle società coinvolte, SAGE è considerato il vero punto di partenza dell'industria informatica statunitense e mondiale, attraverso cui passeranno come contractors, subcontractors e consulenti i fondatori dei più grandi gruppi hi-tech degli USA che si svilupperanno nei decenni successivi.

In questi anni si realizza quindi la prima vera rete geografica di computer, segno che anche questo versante della tecnologia si è notevolmente sviluppato. Ma come?

Tutto nasce dai primi grandi elaboratori elettromeccanici. Inizialmente, infatti, non sono programmabili, per cui è necessario fornire loro le informazioni aprendo e chiudendo degli interruttori (poi valvole e transistor) nel momento in cui serve la procedura necessaria al calcolo stesso. Per semplificare il processo vengono sviluppati sistemi per fornire, a macchine ormai dotate di memoria, dati già preparati in precedenza: al computer vengono collegati telefax e sistemi di lettura di schede perforate che fanno "ingoiare" alla grande macchina chilometri di nastri di carta o magnetici.

Più avanti verranno collegati ai computer dei terminali video per la gestione dei dati immessi: il ponte così realizzato tra corpo centrale dell'elaboratore e terminale costituisce il nucleo della prima rete informatica.

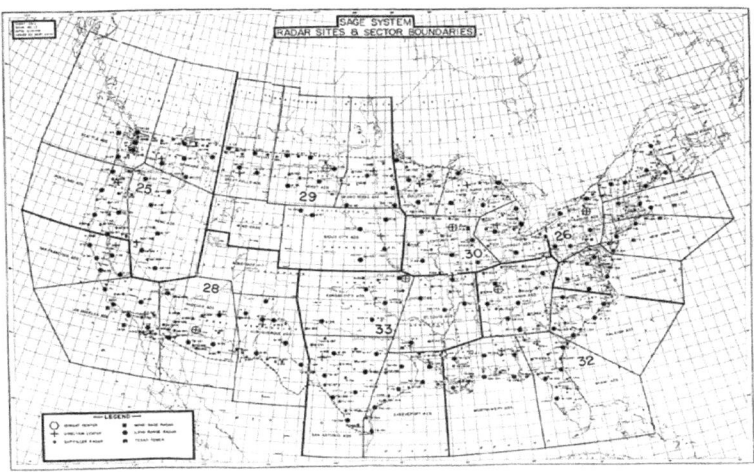

Figura 2 - La mappa del SAGE (Semi-Automatic Ground Environment), sistema telematico di radar interconnessi sviluppato dalla Difesa statunitense dal 1953 al 1963 per l'intercettazione di bombardieri sovietici. La tecnologia sviluppata per questo progetto sarà alla base di Arpanet prima e di Internet poi.

Ogni società svilupperà poi, nel corso dei decenni, apparecchi, specifiche e protocolli propri per la trasmissione dei dati via cavo e bisognerà aspettare il 1977 perché si arrivi alla fondazione dell'OSI, organismo internazionale per la standardizzazione delle reti informatiche e dei suoi componenti hardware e software. Il più noto e utilizzato di questi protocolli è il TCP/IP, oggi usato per le trasmissioni di dati via Internet e sviluppato a partire dagli Anni '80 sulla base di una lunga serie di predecessori.

E proprio alla base di Internet vi è il SAGE. Come anticipato, infatti, è la Guerra Fredda a dare un nuovo impulso agli investimenti in tecnologia. Lo scatto in avanti avviene il 4 ottobre 1957, quando l'Unione Sovietica stupisce il mondo e manda in orbita il primo satellite, lo Sputnik, dimostrando di avere in quel momento una tecnologia superiore a quella degli Stati Uniti. La corsa allo spazio, ma anche al riarmo, è avviata. Per reagire alla situazione d'inferiorità, l'anno seguente il Dipartimento della Difesa USA crea l'Agenzia per Progetti di Ricerca Avanzati (Advanced Research Projects Agency o ARPA), che avoca a sé lo sviluppo a lungo termine delle tecnologie militari; solo successivamente alla NASA verrà assegnata la gestione dei programmi spaziali.

Figura 3 - La copertina di Life" del 18 novembre 1957, che mette a confronto i progetti spaziali degli Stati Uniti e dell'Unione Sovietica.

Figura 4 - La prima pagina del quotidiano russo "Pravda", che esalta il lancio dello Sputnik a due giorni dall'avvenimento

Figura 5 - La reazione dei giornali statunitensi all'indomani dell'annuncio del lancio dello Sputnik, avvenuto il 4 ottobre 1957

ARPAnet

Tuttora attiva, l'ARPA (il cui nome verrà modificato in DARPA più volte nel corso dei decenni, aggiungendovi e togliendovi l'iniziale di Defense) a partire dal 1962 costituisce una divisione incaricata di sviluppare le tecnologie di rete create per il SAGE e di applicarle non solo alla difesa aerea ma anche ad esercito e marina. Nell'estate dello stesso anno Paul Baran, ingegnere della RAND (come abbiamo visto già attiva nel progetto SAGE) e in precedenza impiegato presso la Hughes Aircraft (il gruppo fondato da Howard Hughes: chi non ricorda "The Aviator", il film di Martin Scorsese con Leonardo Di Caprio che interpreta proprio il grande ed eccentrico industriale?), presenta al primo direttore della divisione, Joseph Licklider, un progetto di trasmissioni dati a "commutazione di pacchetto" (packet switching) sviluppato nel corso delle ricerche per il SAGE, con il quale un messaggio digitalizzato viene inviato sotto forma di tanti pacchetti e sparpagliato attraverso una rete di computer che a loro volta sono in grado di instradare i pacchetti ricevuti verso la destinazione finale, rimettendo in ordine e ricostruendo così il messaggio originale.
Un sistema adattissimo a connettere una rete di installazioni militari: nel caso infatti ne venisse messa fuori uso una da un bombardamento, il messaggio non s'interromperebbe come accadrebbe utilizzando una normale linea telefonica ma sarebbe in grado di giungere comunque al ricevente. È il primo passo verso quello che sarà il protocollo TCP/IP che è alla base della rete Arpanet e poi di Internet.
Pochi mesi prima, esattamente il 31 maggio 1961, un oscuro ricercatore del Massachusset Institute of Technology di Boston (USA), Leonard Kleinrock, proprio basandosi sulle idee dello scienziato polacco-statunitense Paul Baran,

pubblica un articolo sulla possibilità teorica di realizzare trasmissioni dati via cavo con "commutazione a pacchetti". L'articolo diventerà la sua tesi di dottorato presso l'Università della California Los Angeles (UCLA), che porterà Kleinrock, il 29 ottobre
1969, a realizzare per la prima volta al mondo una connessione tra due computer, uno situato presso la propria Università, l'altro presso lo Stanford Research Institute. Del network Arpanet fanno parte inizialmente solo centri militari, università e società informatiche coinvolte nelle ricerche avanzate coordinati dalla Difesa. Con la creazione di reti specifiche ad uso esclusivamente militare e universitario, i protocolli sviluppati e le tecnologie verranno privatizzati e dagli Anni
'90 si moltiplicheranno i service provider che, a pagamento, offriranno ad aziende e a privati la connessione a Internet, che avviene attraverso modem sulle normali linee telefoniche (dial-up). Parallelamente e al di fuori di Internet, nel 1977, si sviluppano numerose reti proprietarie e le BBS o bulletin board system ("sistema di bacheca"); queste ultime consentono a più utenti contemporaneamente di collegarsi a un computer centrale e di usarlo come mezzo per scambiarsi file, messaggi e comunicazioni. Dalla metà degli Anni '90 le reti proprietarie e le BBS confluiranno progressivamente in Internet.
Rispetto agli Stati Uniti, fino agli Anni '70 il resto del mondo è quindi tecnologicamente un passo indietro, anche quando si tratta di Paesi che nel settore hanno investito ingenti risorse. Tra questi, l'Unione Sovietica e il Giappone sono in prima linea, tallonati dal Regno Unito, che gode del trasferimento di idee e risorse dagli USA e della presenza in pianta stabile dei grandi gruppi informatici statunitensi, e dalla Francia. Oltre ad Arpanet, però, a partire dal 1968 negli USA si sviluppano contemporaneamente altre reti

telefoniche utilizzate specificamente per la connessione tra computer, definite WAN, cioè World Area Network, tra cui, per esempio Tymnet, Telenet e Uninet. La prima, realizzata in proprio da una società di time-sharing nata nel 1964 e fondata da Norm Hardy e LaRoy Tymes, è stata chiusa nel 2004 dopo essere stata ceduta nel corso degli anni a McDonnell Douglas, British Telecom, MCI Worldcom, AT&T e infine a Verizon. Telenet (da non confondere con il protocollo di rete Telnet) diventa operativa il 16 agosto 1975 sulla base dell'esperienza dei fondatori (Leo Beranek e Richard Bolt, docenti del MIT, e Robert Newman, un loro allievo) come contractors per le rete militare ArpaNet; il loro lavoro fornirà un significativo contributo allo sviluppo della posta elettronica, dei protocolli di rete, di alcuni linguaggi di programmazione e ad altro ancora. Telenet è stata poi rilevata da Sprint che l'ha rinominata Sprintnet e poi Sprintlink, quando è confluita nella Internet ormai divenuta di pubblico accesso.

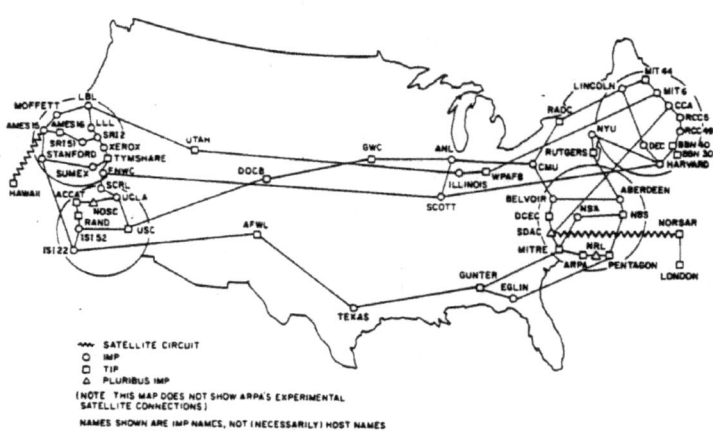

Figura 6 - La rete Arpanet nel luglio del 1977

URSS e Giappone

In URSS la produzione di computer, basata sul lavoro pionieristico di Sergei Lebedev e Isaak Bruk, viene strettamente riservata all'ambito militare e universitario, ma a partire dal 1979 il distacco dell'Occidente diventa incolmabile: in quell'anno l'Unione Sovietica invade l'Afganistan e gli USA, per reazione, vietano l'esportazione di tecnologia informatica al grande rivale, senza contare che l'assenza di un mercato privato interno ne soffoca qualunque sviluppo autonomo.
In Giappone invece le cose vanno diversamente. Qui a spingere sull'acceleratore della tecnologia informatica non è la Difesa ma sono le grandi aziende in primis e, successivamente, il Ministero del Commercio e dell'Industria. È del 1956 il primo computer tutto giapponese, il Fujic, realizzato da Okazaki Bunkji della Fuji. Il vero padre dell'informatica giapponese è però Muroga Saburo, che migliora molti aspetti tecnici delle scoperte occidentali soprattutto in direzione di una miglior efficienza e miniaturizzazione, adottando per esempio i transistor in anticipo sui tempi. La creazione di grandi consorzi tra produttori informatici (es. tra NEC, Hitachi e Fujitsu) dà vita a un fenomeno quasi sconosciuto negli USA: la standardizzazione dei componenti, realizzati per essere utilizzati liberamente su prodotti di società consorziate. Dopo un iniziale boom giapponese, negli Anni '90 è però seguito il declino dell'industria locale per la forte espansione delle società statunitensi, dovuta alla capacità di offrire prodotti fortemente localizzati. Successivamente la ripresa delle "tigri asiatiche" ha riportato questa regione del mondo ai primi posti in ricerca e sviluppo, tanto che negli anni 2000 erano solo tre le grandi fabbriche di circuiti

stampati ed erano tutte e tre a Taiwan, realizzate con capitali giapponesi.

L'automatizzazione della finanza: ECN, borse telematiche e SWIFT

Negli Anni '60, quindi, il grosso delle scoperte e delle loro applicazioni a prodotti informatici di uso aziendale è stato fatto. E la finanza, nel frattempo, come si è evoluta?
Innanzitutto è necessario distinguere due gradi di sviluppo successivi delle transazioni elettroniche: quello "interno" e quello "esterno" alle banche. Il primo riguarda la gestione dei processi e dei flussi di cassa, del portafoglio titoli, della tesoreria, dell'amministrazione, della logistica e altro ancora, funzioni che la banca, in quanto azienda, svolge per ottimizzare la propria attività. In questa categoria rientrano anche le transazioni e gli scambi di informazioni e dati verso altre banche e verso le istituzioni, tra cui i cosiddetti clearing e settlement, cioè le compensazioni dei flussi interbancari e degli scambi. Il secondo livello riguarda invece la connessione con i clienti e i servizi loro offerti. Ovviamente, prima di offrire servizi telematici a privati e aziende, le banche e gli intermediari finanziari hanno iniziato ad utilizzare le tecnologia telematica per se stessi, per trovare nuove strade, cioè per ridurre i costi, aumentare la velocità, essere più competitivi e battere la concorrenza. Aprire una connessione diretta ai propri mainframe per i clienti è stato il passo successivo. I primi tentativi risalgono agli Anni '50:

dal 1959 si diffondono nelle banche le "Magnetic Ink Character Recognition" (MICR), apparecchi per la lettura automatizzata degli assegni, poi tra il 1960 e il 1970 vengono sviluppate e si diffondono in Europa, negli Stati Uniti e poi nel resto del mondo le Automated Teller Machines (ATM, che in Italia verranno chiamate Bancomat) per il prelievo dei contanti. È la britannica Barclays a installare il primo nel 1967 presso la filiale di Enfield, a Londra. Alla fine del 1985 saranno 50.000 in tutti gli Stati Uniti, 40.000 in Giappone e 25.000 in Europa, per lo più in Francia (1.600 del solo Crédit Agricole) e Belgio. Sia MICR sia ATM sono collegate a reti elettroniche che velocizzano le operazioni ripetitive. Un importante punto di partenza per lo sviluppo delle attività telematiche bancarie lo ritroviamo ancora una volta negli Anni
'50, in Inghilterra. Qui nel 1955 Barclays si mette alla testa del Committee of London Clearing Bankers (CLCB) un comitato interbancario incaricato di «promuovere discussione e ricerca sugli sviluppi nel campo della meccanizzazione con particolare riferimento a quelli elettronici e alla loro applicabilità alle pratiche bancarie e all'impatto di tali sviluppi sui problemi relativi al personale». Il Sub-Comitato avvia una serie di colloqui con i principali produttori informatici inglesi e statunitensi per sviluppare degli standard comuni e nel 1959, dopo aver installato un elaboratore a transistor Emidec 1100 realizzato dalla britannica EMI Electronics (costato 125.000 sterline), Barclays diventa la prima banca inglese a inviare un ordine via computer. Nel 1961 segue l'inaugurazione del primo computer center bancario del Regno Unito, sempre a opera di Barclays. Ma Barclays procede praticamente in parallelo con numerose altre banche, precedute nell'utilizzo degli elaboratori e nella meccanizzazione delle filiali soltanto di pochi mesi. Così Martins Bank installa un Ferranti Pegasus

II nel settembre del 1961, seguita da Coutts Bank (con un Univac SS80 STEP), Lloyds (con tre IBM RAMAC), Midland Bank (English Electric KDP 10), National Provincial Bank (Ferranti Orion), Westminster Bank (IBM 1401), Bank of Scotland (IBM 1401) e tante altre. Bank of Scotland aveva tuttavia già installato nella propria sede di Edimburgo, nel 1959, un tabulatore IBM 402, predecessore degli elaboratori.

Al di là dell'Atlantico, intanto, lo Stanford Research Institute presenta nel settembre del 1955 l'Electronic Recording Method of Accounting (ERMA), un sistema computerizzato per l'elaborazione delle attività bancarie sviluppato su richiesta di Bank of America, che verrà costruito da General Electric e installato a partire dall'autunno del 1956. Solo Bank of America ne installerà ben 32. Come si vede, il fermento informatico nel settore bancario (e quello inglese non ne è che un esempio) prende l'avvio nei primi anni della Guerra Fredda. Il vero primo passo nella direzione della transazioni finanziarie online arriva però nel 1961, quando il Congresso statunitense autorizza la Securities and Exchange Commission (SEC) a condurre uno studio sull'eccessiva frammentazione del mercato cosiddetto over-the-counter (OTC), ovvero delle negoziazioni di titoli finanziari che avvengono al di fuori dei mercati regolamentati. Molti operatori, infatti, si incontrano al di fuori delle borse e si scambiano fisicamente i titoli di società quotate. Ci vuole un po' di tempo, ma nel 1963 la SEC diffonde i risultati della ricerca, arrivando alla conclusione che per ridurre il fenomeno in grado di alterare il sereno andamento dei mercati è necessario puntare sull'automazione dei processi. Il passo successivo è quindi passare la palla alla National Association of Securities Dealers (NASD), associazione nata nel 1934 che nel corso del tempo è diventata per legge l'ente autoregolamentato a cui tutte le società d'intermediazione finanziaria autorizzate negli USA devono iscriversi; a grandi linee si può dire che nel mondo anglosassone i dealers sono gli intermediari il cui utile è rappresentato dal differenziale tra prezzo di acquisto e prezzo di vendita (bid-ask spread), mentre i brokers sono coloro che vengono remunerati attraverso una commissione ricevuta dai clienti. Ci vorranno otto anni, ma i risultati, come vedremo, stupiranno il mondo dei capitali.

Nel frattempo la legislazione consente la nascita di un nuovo tipo di circuito di scambio di titoli, l'ECN (Electronic Communication Network, cioè rete di comunicazione elettronica), ovvero un sistema automatizzato dotato di regole proprie ma comunque soggetto al controllo degli enti di vigilanza statali, attraverso il quale gli intermediari finanziari possono negoziare tra loro titoli al di fuori dei mercati regolamentati. Con il tempo gli ECN potranno connettersi direttamente alle stesse borse, ormai telematizzate, e integrarsi con esse (e in molti casi finire per essere acquisite dalle borse stesse).

Il primo circuito elettronico di scambio della storia vede la luce il 25 giugno 1968, quando Alan Kay, esperto informatico, realizza un sistema di gestione per la borsa automatizzata che battezza AutEx, da automatic exchange. Dopo averlo inutilmente proposto al NYSE, Kay avvia da solo il progetto di borsa elettronica, fondando a Boston la società AuteEx Service Corporation e presentando ufficialmente il progetto presso la Camera di Commercio di New York alla presenza di 180 rappresentanti di società finanziarie statunitensi. I primi intermediari registrati all'AutEx come membri sono Wellington, Massachusset Investors Trust, Putnam e Fidelity. AutEx consente di visionare sul computer le proposte, organizzate in blocchi di piccole, medie e grandi dimensioni o con limiti indicati e il nome dell'offerente, ma per la negoziazione il contatto deve comunque avvenire via telefono. Il sistema utilizza computer Sigma prodotti dalla Scientific Data System (SDS) e richiede agli investitori istituzionali 200 dollari al mese, che per i broker invece diventano 5.000. AutEx prosegue l'attività per dieci anni, poi nel 1978 il suo fondatore cede la società a Thomson Financial (poi Thomson Reuters), che ancora oggi tra i suoi servizi offre il Thomson Reuters Autex Block Data e il Thomson Reuters Autex Trade Route.

Nel corso degli anni Alan Kay si è rivelato, oltre che un imprenditore lungimirante e visionario, anche un eccentrico idealista. Fondatore nel 1954 della società di ricerca per scopi militari TRG, ha infatti scritto numerosi libri contro la guerra e per la riforma della società, dello Stato e della Rete, arrivando a proporre una completa ristrutturazione di Internet su basi totalmente nuove, ribattezzandola Betternet, per eliminare i rischi connessi alla presenza di quelli che definisce

«burloni, sociopatici, terroristi, hacker e diffusori di virus», ma anche per restituirle efficienza soprattutto per quanto riguarda i collegamento peer-to-peer, cioè direttamente tra utenti. Ha scritto un'autobiografia dal titolo significativo: "Militarist, millionaire, peacenik" (Militarista, milionario, pacifista), non tradotto in Italia. Sul suo sito (http://www.alanfkay.com) si può prendere visione delle sue teorie.

Nel 1969, la società di New York Institutional Networks, fondata da Jerome Pustilnik e da Herbert Behrens, nasce da basi tecnologiche sviluppate da aziende con stretti legami con ambienti militari: il nuovo ECN nel 1985 prenderà il nome abbreviato di Instinet ed è tutt'ora attivo. Si tratta ancora di un servizio solo per investitori istituzionali (nel 1971 registrerà l'adesione di circa 30 tra banche e società finanziarie), ma è un primo passo importante. Con Instinet, in definitiva, inizia l'era della finanza telematica.

Poco prima, nel 1964, era nata a Trumbull, nello Stato del Connecticut (Stati Uniti), Bunker Ramo, società specializzata in apparecchiature elettroniche militari, oggi integrata nella Honeywell. I due fondatori sono George Bunker e Simon Ramo. Per avere un'idea di chi stiamo parlando, Ramo è un fisico conosciuto come il padre dei missili balistici intercontinentali e dell'applicazione delle microonde. Negli Anni '40 ha lavorato per il gruppo aerospaziale fondato da Howard Hughes (come il già citato Paul Baran, tra gli inventori della commutazione a pacchetti) sviluppando sistemi radar avanzati e sistemi missilistici a stretto contatto con la Difesa degli Stati Uniti, per poi collaborare con la NASA alla realizzazione di vettori di lancio per satelliti. Il suo socio George Bunker è invece un alto dirigente del gruppo industriale militare Martin Marietta, con cui la Bunker Ramo è stata fondata in joint venture.

Nel 1968 la NASD incarica la Bunker Ramo di sviluppare un innovativo sistema di contrattazione elettronica. Poco dopo anche il concorrente New York Stock Exchange (NYSE) annuncia il progetto di realizzare un sistema che però conserverà la presenza degli operatori specialisti, il Block Automated System (BAS). L'8 febbraio 1971 è proprio la Bunker Ramo che svela al mondo il rivoluzionario sistema di negoziazione telematica di titoli finanziari realizzato dalla sua Information Systems Division per conto della NASD. Il sistema viene chiamato NASDAQ, aggiungendo all'acronimo dell'associazione due lettere finali che indicano semplicemente "Automated Quotations", ottenendo quindi un acronimo che significa "Quotazioni Automatizzate del NASD": è l'esito dell'incarico affidato dalla SEC alla NASD nel 1963.

Ancora oggi, sul sito Web del NASDAQ è possibile visionare un video storico che mostra la sede della Bunker Ramo in cui sono appena state installate le enormi infrastrutture informatiche necessarie per far funzionare il neonato mercato digitale.

Il sistema NASDAQ viene realizzato per consentire agli associati della NASD di scambiarsi, in un ambiente sicuro e veloce, titoli over-the-counter (OTC), cioè non ancora quotati su una delle borse allora esistenti (tra cui vi era appunto il o NYSE, attivo almeno dal 1817); solo a partire dal 1975 diventerà una vera è propria borsa acquisendo la licenza di mercato regolamentato per quotare soltanto azioni collocate sul suo stesso mercato e separando dalle negoziazioni principali i titoli OTC.

Il salto di qualità del 1975 è permesso da una serie di emendamenti al Securities Exchange Act con cui il Governo degli Stati Uniti crea il mercato nazionale dei titoli finanziari (NSM, National Securities Market) avviando un processo di liberalizzazione e di incentivi al settore finanziario che entro il 1987 porterà i volumi di borsa a decuplicarsi. Una decisione che, ironia della sorte, nasce dalla richiesta da parte del NYSE di aumentare le tasse di registrazione che la legge obbligava i dealer a corrispondergli nel momento in cui volessero aderire alla borsa. L'intervento del Dipartimento della Giustizia, teso a bloccare il perpetuarsi della pratica monopolistica che blocca lo sviluppo del settore, porta di fatto il Congresso USA, appunto nel 1975, a togliere questo potere impositivo al NYSE. La mossa dà vita nel giro di pochissimi mesi a una nuova categoria di intermediari, i discount broker (intermediari a sconto), che possono abbassare le commissioni d'intermediazione tanto da far diventare i loro servizi accessibili anche ai privati.

La concorrenza nel settore dell'intermediazione finanziaria decolla

Nel 1976 la NASD rileva dalla Bunker Ramo tutti gli strumenti e le infrastrutture sviluppate per la negoziazione, iniziando così a gestirne internamente i processi. Questo cambiamento consentirà al NASDAQ (che dal 2006 è una società completamente separata dalla NASD), di arrivare in pochi anni a competere direttamente con il NYSE per volumi scambiati e società quotate (ma non per capitalizzazione complessiva), anche grazie a una serie di fusioni e acquisizioni, tra cui quelle che hanno visto protagoniste l'American Stock Exchange, la Philadelphia Stock Exchange e il gruppo di borse scandinave OMX.
Dopo il NASDAQ, la seconda borsa ad implementare nel 1980 un servizio di negoziazione totalmente elettronico è la Cincinnati Stock Exchange, che diventerà successivamente National Stock Exchange (NSX).
Due anni dopo l'inaugurazione del NASDAQ prenderà poi vita un progetto ben più ambizioso, lo SWIFT. Si tratta di un sistema di pagamento elettronico interbancario gestito dalla Society for Worldwide Interbank Financial Telecommunication con sede a Bruxelles che, al suo via avvenuto nel 1977 alla presenza dell'allora principe (oggi re) Alberto del Belgio, coinvolge 239 banche di
15 Paesi in tutto il mondo. Quarant'anni dopo, al settembre 2011, vanta 10.005 aderenti (tra cui
2.326 banche e numerose banche centrali) in 209 paesi, con un numero di contatti interbancari superiore ai 3,3 miliardi. Una rete enorme, prevalentemente europea, che silenzio-

samente estende i suoi tentacoli in tutto il globo anno dopo anno. SWIFT, il cui sviluppo è iniziato nel 1973, è forse la piattaforma per transazioni finanziarie per uso professionale più diffusa al mondo e si basa su standard codificati, complessivamente definiti FEDI (Financial Electronic Data Interchange, cioè "interscambio finanziario di dati elettronici") la cui stesura è iniziata negli Anni '60. Secondo le definizioni internazionali, i Financial EDI sono scambi di dati elettronici equivalenti allo scambio di documenti: ciò significa che le banche e le istituzioni finanziarie di tutto il mondo si scambiano da quarant'anni dati, contratti, ordini per trasferimenti di fondi e documenti elettronici, tutti con valore legale vincolante, attraverso sistemi elettronici codificati e accettati da tutti, risparmiando così miliardi di tonnellate di carta e riducendo l'impatto degli errori sui processi finanziari. Su questa base funziona inoltre il circuito FIX (Financial Information Exchange), attraverso cui scorrono i dati e le informazioni di borsa riguardanti i titoli quotati di tutto il mondo. Si tratta di un protocollo di trasmissione sviluppato a partire dal 1992.

Tra i primi tentativi di regolamentazione dei trasferimenti di fondi con mezzi tecnologici vi è l'Electronic Funds Transfer Act, firmato nel 1978 dal presidente statunitense Jimmy Carter, che stabilisce i diritti degli utenti a livello di informazioni, di identificazione, di ricezione dei documenti cartacei se richiesti, di assicurazione in caso di furto o errore dei sistemi e così via.

Nel 1982, infine, il Congresso USA vara il Tax Equity and Fiscal Responsibility Act (TEFRA), una legge che modifica la normativa fiscale anche per le banche e che tra le altre cose obbliga gli intermediari finanziari a fornire una copiosa mole d'informazioni agli enti federali. Obbligo che gli intermediari possono assolvere soltanto dotandosi di una struttura informatica in grado di raccogliere ed elaborare dati in tempi molti rapidi. Il TEFRA, quindi, come altre leggi simili in altri Paesi, rappresenta uno degli incentivi che spingono con forza la finanza verso la telematizzazione. Questo excursus sui sistemi di pagamento delle banche, volutamente breve e più che sintetico, vuole essere soltanto un'indicazione di un fenomeno che non può essere trascurato considerando la storia della finanza telematica: le banche e le società finanziarie hanno iniziato molto presto a sviluppare sistemi di transazione elettronici, ma l'hanno fatto per se stesse, cioè per soddisfare esigenze proprie, interne, per nulla legate alle esigenze dei clienti. O per lo meno, avendo questo come ultimo dei pensieri.

La telematizzazione dei processi di scambio di dati tra società diverse e poi interni ai vari rami delle società stesse (divisioni, filiali ecc.) si è successivamente propagato a tutti i livelli, giungendo infine, con il corporate banking, l'home banking e poi con il trading online, anche ai clienti. Un fenomeno che si ripeterà anche più tardi proprio nel trading online, con la diffusione ai retail di servizi, funzioni e piattaforme professionali utilizzati all'interno delle sale operative delle istituzioni finanziarie.

Tuttavia, solo attraverso progetti faraonici, costosissimi ma fortemente focalizzati, come SAGE, ARPAnet o SWIFT, si è arrivati a poter concedere alla "massa" qualche briciola tecnologica. Ma in alcuni Paesi più di altri, in cui l'iniziativa individuale è promossa, sostenuta e parte integrante della crescita economico-sociale, queste briciole sono state prese e trasformate in intere panetterie. Fuor di metafora, negli Stati Uniti, in Germania e in Gran Bretagna soprattutto le ricadute di questi grandi progetti nel corso dei decenni hanno trasformato l'industria, le comunicazioni, l'istruzione, l'informazione, la politica e, in definitiva, l'intera società.

La nascita dell'home banking: Videotex e telefoni a toni

Sull'onda della liberalizzazione, alla fine degli Anni '80 compaiono negli USA i primi servizi di invio ordini per la negoziazione di titoli finanziari attraverso le tastiere telefoniche a toni destinati a utenti privati. La digitalizzazione delle borse e degli ECN ha infatti ridotto i costi e semplificato le procedure, ma i computer non sono ancora abbastanza diffusi tra i privati per poter dare vita a servizi di trading di massa a costi sufficientemente contenuti. Il telefono, invece, è uno strumento presente in tutte le case e in tutti gli uffici e a buon mercato. Non è un caso, come vedremo, se nello stesso periodo anche in Europa (a partire dalla Germania e dal Regno Unito), si svilupperanno servizi analoghi.

Allo stesso modo, negli Anni '70 nascono nel Vecchio Continente, specificamente nel Regno Unito, una serie di servizi che vanno sotto il nome di Videotex e che nei singoli Paesi verranno battezzati in maniera diversa (in Francia Minitel, in Italia Videotel ecc.). Si tratta di reti chiuse e centralizzate, per lo più gestite dai monopolisti delle telecomunicazioni, basate sul protocollo X.25 ma non integrate tra loro. Commercializzati con piccoli terminali dotati di grafica elementare e di tastiera, vengono connessi alla normale rete telefonica e offrono servizi d'informazioni (elenchi telefonici, orari di treni e aerei ecc.) e di acquisto di beni e servizi convenzionati.

Pur offerti a lungo, i Videotex avranno uno scarso successo soprattutto a causa degli alti costi di connessione a tempo, mentre negli Stati Uniti avranno una diffusione soltanto estemporanea. Di tutti questi, oggi soltanto il francese

Minitel può vantare una diffusione capillare ed essere considerato un successo commerciale; è ancora attivo, pur essendone prevista la chiusura nel corso del 2012.
Trattandosi di un servizio ormai ucciso da Internet, potrebbe essere quasi inutile parlarne, se non come curiosità storica. In realtà i servizi Teletext e Videotex hanno rappresentato il primo vero canale online del settore bancario, che almeno per un decennio ha cercato di crescere e di svilupparsi. Un canale che non si è rivelato all'altezza delle aspettative non tanto a causa della tecnologia di rete che lo supportava, quanto più per la percezione negativa del rapporto tra costo e beneficio da parte degli utilizzatori finali. I costi, in parole povere, del terminale, del servizio e della connessione furono mantenuti sempre troppo alti dai fornitori (e vedremo perché) e questo ne compromise qualunque possibilità di diffusione generalizzata.
Innanzitutto è bene distinguere tra Teletext e Videotex: il primo è un servizio creato da gestori di canali televisivi per inviare via etere informazioni semplici ai televisori domestici ed è quindi unidirezionale (l'utente si limita a ricevere e visionare le informazioni), come nel caso del tuttora esistente omonimo servizio fornito dalla RAI italiana; il secondo è invece sviluppato da società di telecomunicazioni che gestiscono reti telefoniche, sulle quali è possibile realizzare trasmissioni bidirezionali (l'utente riceve le informazioni e compie delle scelte re-inviando a sua volta informazioni) attraverso appunto piccoli terminali appositamente realizzati, com'è stato il caso del Videotel della SIP e com'è ancora quello del Minitel francese. Entrambe le tecnologie vengono sviluppate nel Regno Unito a cavallo tra gli Anni '60 e gli Anni '70, ed entrambe hanno un "difetto d'origine" che ne indebolisce le possibilità di crescita: vengono prodotte da monopolisti o da grandi aziende di Stato quasi prive di

concorrenza interna. Questa caratteristica, se da un lato ne farà la fortuna nei primi anni di lancio all'interno dei Paesi in cui i singoli monopolisti sono basati per la possibilità di mobilitare ingenti risorse umane e finanziarie, di utilizzare grandi laboratori scientifici, di penetrare rapidamente e capillarmente il mercato, il tutto grazie al sostegno dello Stato spingerà a mantenere troppo alto il prezzo per l'utente finale, anche limitandone l'adozione in altri Paesi, e impedirà la creazione di un unico standard in grado di rendere interoperabili tutti i sistemi e creare così una grande rete europea di servizi telematici. Gelosie nazionalistiche ma anche i forti investimenti iniziali per lo sviluppo freneranno infatti l'ulteriore sforzo finanziario richiesto per la convergenza dei diversi sistemi.
I due protagonisti iniziali di Teletext e Videotex sono General Post Office (GPO), monopolista britannico del servizio postale e delle telecomunicazioni (che successivamente si dividerà in Post Office e British Telecom), e British Broadcasting Corporation, cioè la società radiotelevisiva di Stato BBC, affettuosamente chiamata dai britannici Beeb. Nel 1968 (l'anno in cui negli USA, come ricordato, Alan Kay presenta negli Stati Uniti la prima borsa telematica, AutEx), l'ingegnere Geoff Larkby e il tecnico Barry Pyatt del Designs Department (Television Group) della BBC, addetti alla realizzazione dei sottotitoli per le trasmissioni televisive, vengono incaricati dal direttore generale Hugh Carleton Green di realizzare un sistema di trasmissione di testi che consenta di inviare al televisore di casa degli utenti "l'equivalente di una pagina del Times" e di potersela stampare comodamente a casa propria, con particolare attenzione ai prezzi delle materie prime e dei titoli azionari quotati in borsa. I test del risultato del primo servizio, chiamato Beebfax, è fallimentare e l'esperimento viene sospeso, mentre i due lasciano la BBC: Larkby va in

pensione, Pyatt cambia società. Pochi mesi dopo, però, il progetto viene ripreso sulla base di quanto realizzato dai due ex dipendenti e nasce l servizio Teletext Ceefax, in cui nome è un gioco di parole basato su BB-C fax, più o meno "il servizio stampabile di Beeb". Annunciato nel 1972 e diventato operativo il 23 settembre 1974, dovrebbe essere sospeso nell'aprile del 2012.

Figura 7 - Una schermata del servizio Ceefax, fornito dalla BBC attraverso il normale televisore domestico. Da notare la voce "Finance"

Poco dopo l'autorità inglese per le comunicazioni, l'IBA, promuove un sistema concorrente sviluppato dal canale televisivo ITV nel 1974 e chiamato Oracle; nel 1976, tuttavia, i sistemi verranno resi intercompatibili e fusi in quello che sarà chiamato World System Teletext, che verrà poi venduto alle televisioni di molti paesi europei e degli Stati Uniti.

Quasi contemporaneamente GPO lancia un primo servizio bidirezionale Videotex con tecnologia Viewdata, inventato nel 1968 da Samuel Fedida, ingegnere e computer applications manager presso i British Post Office Research Laboratories. Il primo prototipo commerciale sarà pronto nel 1974, testato su minicomputer HP, e sarà lanciato all'inizio del 1979. La tecnologia Viewdata si basa sul protocollo di trasmissione V.23 (1.200 bit al secondo in ricezione e 75 in trasmissione) e il servizio viene realizzato inizialmente come canale per le agenzie di viaggio, che possono così fornire ai clienti informazioni su date, partenze o disponibilità per organizzare e prenotare le vacanze. Il nome con cui verrà commercializzato nel Regno Unito Viewdata è Prestel. Lo sviluppo del mercato inglese (che resterà comunque limitato a non più di 90.000 utenti al momento della massima espansione) dà il via allo sviluppo di altri sistemi da parte dei "campioni" nazionali delle telecomunicazioni locali.

Così in Francia, nel 1972 il CCETT (Centro nazionale di ricerche per televisione e telecomunicazione) avvia lo sviluppo di Antiope, un Teletext più lento del Prestel (la compressione dati è inferiore del 30%) ma più sofisticato. Avrà però vita breve: i 9 milioni di utenti europei del Prestel prevarranno sui 100.000 di Antiope, che verrà chiuso nel 1987. Ma proprio dall'esperienza Antiope verrà lanciato nel 1982 da PTT (Poste, Téléphone et Télécommunications, nel 1991 spezzata nei due tronconi France Télécom e La Poste) il Videotex denominato Minitel e inventato dall'ingegnere Jean-Yves Pouchard. Nel 1977 due ricercatori, Alain Minc e Simon Nora, presentano al presidente della repubblica Valéry Giscard d'Estaing un rapporto sullo stato dell'informatizzazione della società francese segnalando

Figura 8 - Alcune immagini del Prestel, il servizio Videotext inglese (1980)

un'imminente rivoluzione telematica basata sull'accesso alle informazioni via terminale. In pochi anni infatti in Canada, in Giappone, in Francia e nel Regno Unito sono stati sviluppati servizi simili di trasmissione di testi semplici e immagini e su questo si dovrebbe basare l'informatizzazione dell'Hexagone (soprannome che i francesi danno al loro Paese). Cogliendo il suggerimento, nel 1978 il Ministero delle Poste e delle Comunicazioni di

Parigi avvia quindi il progetto di un servizio pubblico di Videotex e nel 1982 la PPT lancia, con forti sovvenzioni statali, un servizio dalla caratteristiche innovative: il terminale, sviluppato da Alcatel, viene dato gratuitamente a tutti gli abbonati al telefono e consente di collegarsi via cavo telefonico a una ampio numero di servizi, dalla biglietteria aerea e ferroviaria, alla ricerca di numeri telefonici, dalla ricerca di informazione ai database ai servizi finanziari. La connessione avviene non attraverso il protocollo TCP/IP di Internet ma con il Transpac X.25, poco adatto alla trasmissione di dati ad alta velocità. Sarà uno dei più grandi successi tecnologici europei, che toccherà nel 1985 un
milione di unità installate, diventate nove milioni nel 1999 per 25 milioni di utenti stimati. Canada e Giappone, come detto, si sono già buttati nella mischia, il primo con il sistema Videotex chiamato Telidon (1978), il secondo, sviluppato dal colosso delle tlc NTT, con Captain (1979-80), a cui si aggiungono poi la Germania Ovest con il Bildschirmtext (o BTX, sviluppato a partire dal
1976 da IBM per Deutsche Bundespost e lanciato nel 1983, basato su un mix di caratteristiche del
Minitel e del Postel) e poi la Svezia con un Prestel integrato da funzionalità aggiuntive.
Già a partire dal 1978 i Paesi cercheranno di standardizzare i rispettivi sistemi, ma le numerose conferenze tecniche internazionali rivelano solo la scarsa volontà dei partecipanti: troppo ingenti sono stati gli investimenti e troppo scarsi i risultati commerciali per investire nella convergenza e veder così incrementare la concorrenza. Per questo vengono creati quattro standard differenti (CEPT 1, 2, 3 e 4) con la blanda raccomandazione (che non sarà mai attuata) che, in caso di aggiornamento futuro i singoli sistemi puntino alla convergenza. Quello che invece succede è che si scatena la lotta tra i sistemi concorrenti francese e

britannico per occupare il maggior numero di mercati esteri con il proprio standard, a partire dagli Stati Uniti.

Qui solo AT&T si affaccia nel 1981 sul mercato con un sistema derivato dal Telidon canadese, che nel 1983 sarà chiamato NAPLPS. Nel Videotex-risiko, l'inglese Prestel viene adottato da società di telecomunicazioni o di servizi in Australia, Austria, Belgio, Germania, Italia (180.000 utenti), Jugoslavia, Hong Kong, Nuova Zelanda, Paesi Bassi, Singapore, Ungheria e in altri Paesi, mentre il Minitel a sua volta vende il servizio nei Paesi francofoni oltre che in Cina e in Brasile.

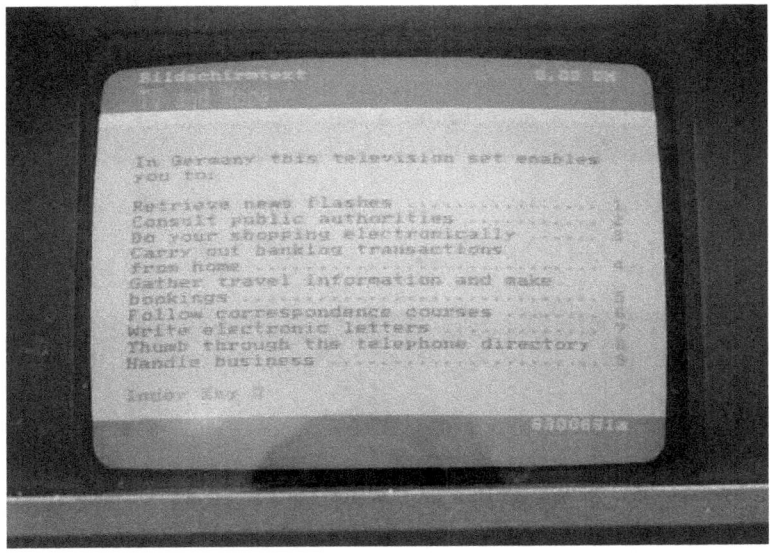

Figura 9 - Un'immagine risalente al 1987 del Videotex tedesco, denominato Bildschirmtext o BTX. È leggibile alla quarta riga del menu, in inglese, l'indicazione «Carry out banking transactions from home» (cioè «Eseguire transazioni bancarie da casa»)

Figura 10 - Il Videotexto brasiliano nel 1982, basato sul Prestel inglese. Anche in questo caso sono disponibili alcuni servizi finanziari

Figura 11 - Il Videotexto brasiliano nel 1982: la seconda voce del menu iniziale indica «Banche, borse, economia e finanza»

Ma sono gli Stati Uniti il vero terreno di scontro dei due differenti sistemi. Ne è un clamoroso esempio il resoconto fatto dalla rivista "New Scientist" il 27 novembre 1980 nell'articolo dal titolo "French and british slug it out in teletext battle", cioè, più o meno, "Francesi e inglesi tentano di primeggiare nella battaglia del teletext". La vicenda nasce dalla richiesta da parte del Ministero dell'Industria britannico al governo statunitense di far diventare per legge il sistema inglese lo standard negli Usa, in questo supportando una richiesta fatta dall'IBA (Indipendent Broadcasting Authority inglese) e da una nutrita pattuglia di gruppi industriali britannici coinvolti nel progetto e detentori dei brevetti di quella che viene riconosciuta come "the Britain's six-years-old invention". Tecnicamente, è necessario che tutte le televisioni modifichino i segnali radio che inviano alle tv di casa.

Per sbrogliare la matassa delle pressioni interne e internazionali, in un affare che vale miliardi di dollari, la Federal Communications Commission (FCC) dà vita a un comitato che riunisce le aziende statunitensi maggiormente interessate e chiede loro di scegliere tra i sistemi inglese, francese e canadese. Una settimana prima del verdetto, la CBS contatta la FCC e fa pressione affinché venga scelto Antiope. Alla fine gli inglesi ottengono più voti dei francesi ma nessuno raggiunge il quorum del 75% dei voti richiesti e la FCC consiglierà Washington di non indicare alcuno standard, ma di lasciar fare al mercato: che le aziende siano libere di scegliere lo standard che preferiscono, la competizione aiuterà la crescita del settore, abbatterà i costi e darà ossigeno a servizi più efficienti. Il commento del "New Scientist" è che «in realtà i due servizi sono praticamente identici, distinguendosi solo per il costo dei terminali». Tuttavia l'anonimo articolista spezza una lancia a favore di Antiope, «più vicino ai sistemi statunitensi»

(derivati da quelli canadesi, nel cui sviluppo la Francia ha giocato non a caso un ruolo non secondario) anche perché Informatique, la società che commercializza il sistema francese negli Usa, «ha già fornito al servizio online The Source 250.000 terminali a basso costo per i suoi servizi d'informazione», ognuno dei quali costa all'utente 600 dollari, «e ha firmato un accordo anche con Tymnet».
Sul suolo europeo e nordamericano, quindi, si combatte per il futuro dei servizi bancari e finanziari via Videotex, la prima vera tecnologia per corporate e home banking.
Soprattutto su queste basi, ma non solo, si svilupperà nel giro di pochi anni la prima generazione di rudimentali servizi di trading online forniti, come vedremo, proprio attraverso servizi online come CompuServe, Prodigy, America On Line, The Source e altri. Dieci anni prima che nasca il World Wide Web.
Dal punto di vista della sicurezza, tuttavia, il Videotex dovrà fare ancora tanta strada: nel 1984, per esempio, due hacker s'insinuano nella casella di posta privata del Duca d'Edimburgo sul Prestel. Lo scandalo, noto sulla stampa del tempo come "the royal connection", non solo danneggia profondamente la reputazione del Prestel, ma mostra come non vi siano ancora strumenti legali per perseguire i colpevoli; nel 1988 "Mr. Gold e Mr. Schifreen" (così vengono chiamati i due hacker nei documenti legali che li riguardano) vengono assolti dall'accusa di "forgery" (falsificazione di password) e il giudice commenta seccamente che «la loro condotta è stata in sostanza quella di aver avuto accesso a dati rilevanti di Prestel con un trucco. Questo non è un crimine. Se si ritenesse desiderabile che lo fosse, questa è materia per il Legislatore piuttosto che per la Corte». Comunque, nel corso del processo viene specificato che la casella violata del Duca non è quella privata ma solo una dimostrativa, mentre Gold e Schifreen ne definiscono il

contenuto "noioso" e legato per lo più alla nascita del figlio del Duca. Due anni dopo il Parlamento inglese promulga il "Computer Misuse Act".

Di un caso forse ancor più clamoroso è invece vittima il BTX tedesco, sempre nel 1984: un gruppo tecno-anarchico di Amburgo conosciuto come CCC, che utilizza il BTX per offrire alcuni servizi online, riesce ad ottenere la password del computer centrale di una banca locale, la Hamburg Sparkasse, ordinandogli di contattare continuamente il proprio servizio a pagamento via BTX. La banca accumula così inconsapevolmente un debito di circa 135.000 marchi verso il CCC. Quest'ultimo, tuttavia, rivela alla stampa la truffa, rifiutando il pagamento ma danneggiando anche in questo caso in modo molto serio le ambizioni di crescita del Videotex tedesco. Dai primi Anni '80 lo sviluppo della finanza online europea avverrà parallelamente a quella statunitense. Secondo l'ex vicepresidente di Chevy Chase Bank, Robert Spicer (citato in un libro di Mary Cronin del 1997), l'home banking sarebbe stato studiato dalle banche a partire dalla metà degli Anni '70 per ridurre i costi di back office, in particolare quelli derivanti dai servizi automatizzati effettuati con telefoni a toni (i touch-tone phone, come vedremo più avanti). Il primo esempio noto di home banking negli Stati Uniti è il servizio Channel 2000 realizzato nel 1980 da Banc One (diventata Bank One dal 2004 dopo l'acquisizione da parte di JP Morgan).

Al lancio, il CEO John McCoy racconta che quando chiese al consiglio di amministrazione di aumentare il budget per la ricerca e lo sviluppo, i membri risposero: «Siamo una banca, che cosa dobbiamo cercare?». E malgrado la novità tecnologica che McCoy è in grado di sfoggiare di lì a poco, il suo board forse non ha tutti i torti ad essere scettico: Channel 2000 raccoglie solo 200 clienti e viene rapidamente sostituito da una nuova versione del servizio, "Applause".

Anche questo però non supera i 1.000 utenti e viene abbandonato: secondo i calcoli della banca, per sostenersi con le sue gambe l'home banking deve raggiungere almeno i 5.000 clienti.

Channel 2000, si legge nella storia ufficiale di Banc One/Bank One redatta nel 2008 dalla controllante JP Morgan Chase, «consentiva ai clienti della banca di vedere i saldi delle transazioni sullo schermo della televisione, oltre che di pagare bollette ed effettuare giroconti», il tutto «operando sulle normali linee telefoniche».

La stessa storia, tuttavia, descrive Channel 2000 come «uno dei primi servizi online di home banking»: segno che ve ne erano probabilmente altri già attivi di cui si è persa traccia, confermando in ciò le parole di Robert Spicer.

Figura 12 Una pubblicità del servizio di home banking di Bank One

Un altro indizio della presenza di più banche interessate allo sviluppo di servizi a distanza per clienti privati è il fatto che dal "New York Times" del marzo 1983 apprendiamo che la stessa Banc One dà vita a Videofinancial Services, una joint venture con Southeast Banking, Wachovia e Security Pacific per offrire ad altri istituti un servizio di home banking a marchio Covidea attraverso il Viewtron, il sistema Videotex sviluppato da AT&T con Knight-Ridder Newspapers su protocollo NAPLPS. Nell'ottobre 1983, a loro volta, il colosso delle telecomunicazioni USA e l'editore della Florida, attraverso la controllata Viewdata avvieranno la commercializzazione di un servizio per gli acquisti online ("computerized shopping", come definisce la stampa di quegli anni il commercio elettronico o e-commerce), per il banking e per leggere il "Miami Herald" o il "New York Times" prima che esca nelle edicole la mattina. Il servizio costa 600 dollari per il terminale, 12 dollari al mese e 1 dollaro all'ora per il collegamento telefonico. I servizi bancari, stando alle cronache dell'epoca sono pochi (accesso al conto corrente e poco più) e talmente poco efficienti da provocare un rapido abbandono da parte di molti utenti. Nel marzo 1986, dopo poco meno di due anni e mezzo di vita, con 50 milioni di dollari di perdite e solo 5.000 clienti, Viewtron chiude. In quel periodo altri servizi simili a quelli proposti da Videofinancial Services prendono forma: il Gateway di Times Mirror (1984, chiuso nel marzo 1986), Trintex (joint venture della CBS con IBM e Sears), CNR (Citicorp, RCA e Nynex) e altri, per lo più chiusi a partire dal 1986.

Nello stesso articolo del "New York Times" già citato, una profezia: «La mia sensazione afferma William Moroney, presidente dell'Electronic Funds Transfer Association (EFTA) è che il 1983 vedrà un'esplosione nei servizi finanziari domestici. Ma il mercato non sarà maturo fino a quando i ragazzini che sono cresciuti usando i computer non saranno andati all'università e avranno iniziato a guadagnare abbastanza per pensare a risparmiare. E gran parte della posta in gioco è legata agli sviluppi tecnologici tra oggi e quel momento». Raramente una previsione fu più azzeccata. Nel frattempo, nel 1981 Norddeutsche Teilzahlungkredit-bank (NTB) diventa la prima banca europea ad aver avviato un servizio di gestione telematica del conto corrente. Tedesca di Amburgo, è nata nel 1955 ed è attiva nel settore online dal 1975 con la controllata Verbraucherbank, anche nota come Consumer Bank (traduzione in inglese del suo nome tedesco, che indica una banca focalizzata sulla clientela privata). La storia della NTB è legata al suo nome, che significa più o meno "banca di credito al consumo della Germania del nord", un tipo di banca specializzata soppresso nel 1986.

Già nel 1975 NTB è forse la prima banca tedesca interamente informatizzata, ma questo sforzo tecnologico viene inizialmente rivolto prevalentemente verso l'interno con lo scopo di abbattere i costi legati al processo di elaborazione delle informazioni e delle richieste provenienti dalle filiali. Artefice della rivoluzione tecnologica amburghese è il pioniere e CEO di NTB, oltre che violoncellista, Alfred Richter, che a metà del 1976 illustra alla stampa i piani per il futuro della banca sulla base dell'infrastruttura appena realizzata: «Le banche oggi sembrano delle drogherie stigmatizzava e il trattamento dei dati è usato oggi per lo più come un sistema d'informazione. Il nostro obiettivo è invece arrivare in tre anni a realizzare una banca in cui i servizi non vengano svolti da mani umane». Richter fa qualche conto: un mainframe in affitto gli costa 1 milione di marchi all'anno, cioè il costo medio di 50 dipendenti. Ma senza questo strumento, per ottenere gli stessi risultati dovrebbe avere 120 dipendenti. E se i costi delle linee di connessione tra gli uffici e le filiali sono di altri 250.000 mila marchi all'anno, questi vanno praticamente in pareggio coi risparmi ottenuti grazie ai minori spostamenti dei dipendenti, all'ottimizzazione delle risorse e alla diminuzione degli errori di elaborazione. «Con il controllo sul credito aggiunge Richter risparmiamo almeno 1 milione all'anno». Errori e ritardi costano inoltre alle banche circa l'1,5% dei profitti, ma Richter con la tecnologia punta ad abbattere questo dato allo 0,8%. A fine '75 NTB vanta 133 dipendenti, presta 300 milioni di marchi all'anno ed ha filiali a Berlino, Brema, Düsseldorf, Duisburg, Francoforte, Hannover, Colonia e Lubecca, tutte connesse telematicamente alla sede centrale di Amburgo. Il mainframe su cui si basa tutta la struttura, la "macchina", è un IBM 370/135 con 384 Kb di memoria principale; ogni operatore presso la sede centrale può accedere a un totale di 380.000 conti di clienti da workstation IBM 3277, mentre nelle filiali sono disponibili terminali IBM 3275 per effettuare verifiche in modalità remota. I software che gestiscono l'operatività sono stati sviluppati internamente alla banca da Richter e la sua squadra. Dalle 7 alle 23 la banca può quindi elaborare automaticamente prestiti, gestione dei rischi di credito, pagamenti, tasse e comunicazioni con l'esterno.

Il sistema è poi agevolato dal fatto che la maggioranza dei clienti rimborsa le rate dei prestiti con bollettini postali, quindi le Poste inviano alla banca i dati sotto forma di nastri magnetici, da cui questa può agevolmente riversare i dati nei propri computer.

Nel 1979 la Verbraucherbank, che si prepara a introdurre un nuovo mainframe, l'IBM 4341, registra l'apertura di 12.000 conti, che nel 1980 diventano 30.000 e nel 1981 45.000. Un'ottima crescita, dovuta all'impostazione radicale di "banca fai-da-te" (in tedesco SB-bank, cioè *selbstbedienung bank*). Le filiali vengono infatti dotate di terminali messi gratuita-mente a disposizione dei clienti, che possono così gestire da soli numerose operazioni. Per farlo hanno in dotazione una carta con banda magnetica che devono inserire in un lettore, infine comporre una parola chiave sulla tastiera. È così possibile monitorare l'andamento di titoli, verificare i tassi d'interesse, effettuare trasferimenti e bonifici e altro ancora. Secondo Richter, nel 1981 l'86% delle transazioni della banca avviene dai terminali SB (self service) in filiale e di queste il 60% viene effettuata nel fine settimana o la sera, comunque fuori orario d'ufficio, in sportelli automatizzati evidentemente aperti al pubblico anche in orario inusuale. Ma è il 1981 il vero anno della svolta per Verbraucherbank. È infatti in quell'anno che viene avviata in Germania la fase di sperimentazione della versione locale del Videotex, il BTX, che coinvolge per il momento le aree di Düsseldorf e di Berlino. Qui, grazie al lavoro del responsabile IT dell'istituto amburghese, Peter Koehn, circa 2.000 clienti della banca testano i servizi online da casa loro collegando il terminale Datasaab, affittato o comprato in un ufficio postale, al telefono domestico; anche se il lancio ufficiale del BTX avverrà solo due anni dopo, la nascita dell'home banking tedesco può essere tuttavia considerata questa.

Attraverso il Videotex i clienti ottengono informazioni generali sulla banca, sui servizi e sulle scadenze dei conti e delle rate da pagare, oppure per passare al servizio di gestione del conto corrente. Per quasi tutte le funzioni è sufficiente la normale tastiera semplificata del terminale; tuttavia, per servizi più complessi (tra cui l'invio di comunicazioni elettroniche alla banca) è necessaria una tastiera aggiuntiva del costo di 300 marchi.

Nel 1985 Verbraucherbank-Consumer Bank, con 50.000 utenti dichiarati, riceve dalla stampa internazionale l'entusiastica definizione di "servizio più popolare a livello mondiale". Nel 1986 verrà rilevata da Noris Bank e inizierà una lunga storia di cambi di proprietà.

Poco dopo i primi pionieri, negli Stati Uniti scendono in campo i pesi massimi, sotto forma di quattro grandi banche di New York (Chemical Bank a settembre del 1982, Chase Manhattan Bank, Manufacturers Hanover Bank e Citibank nel dicembre 1984, le prime tre poi confluite in JP Morgan Chase), di un istituto di credito californiano (Bank of America, dicembre 1983) e di un broker (EF Hutton, che incontreremo più avanti), che avviano un servizio di gestione del conto corrente online attraverso il Videotex.

Chemical Bank, che nel 1995 sarà la terza banca degli Stati Uniti per dimensioni, si è presentata sul mercato con il servizio denominato Pronto, inizialmente dato in test a 200 clienti della sede centrale di New York: basato appunto su Videotext, per 2 dollari al mese si trasforma nel primo servizio home banking degli USA per numero di clienti, circa 21.000 nel 1985, su 1.150.000 clienti totali della banca. Il numero, come si vede, resta proporzionalmente limitato, ancora una volta a causa degli alti costi di utilizzo, e si profila sostanzialmente come un fallimento rispetto alle aspettative del management. Pronto consente di pagare bollette, trasferire fondi, vedere il saldo del conto corrente, elaborare budget familiari e monitorare i propri assegni. Progressivamente Chemical offrirà il proprio servizio anche ad altre banche in tutto il Paese e introdurrà poi una versione del servizio dedicato alle piccole imprese. Il progetto pilota di Pronto viene sviluppato a partire dal 1982 con un investimento di 20 milioni di dollari e chiuderà nel 1989 con una perdita di circa 30 milioni di dollari.

L'Home Base di Citibank per 10 dollari al mese offre gli stessi servizi di Pronto, con in più, aggiungendo altri 10 dollari, le news e i dati di Dow Jones NIS. Nello stesso periodo Bank of America dichiara circa 17.000 clienti per il proprio servizio di gestione online del conto corrente basato sulla tecnologia Videotex, Home banking, accessibile da qualunque computer; con esso è possibile trasferire fondi, gestire e monitorare conti correnti e assegni e pagare le bollette di centinaia di società convenzionate. Il tutto per 8 dollari al mese e senza costi di connessione.

Figura 13 - Il logo del servizio di home banking della Chemical Bank (USA) nel 1985

Il servizio Spectrum di Chase Manhattan Bank unisce poi al banking telematico anche il trading, attraverso il discount broker del gruppo, Dahlman Rose & Co.; il servizio è disponibile per IBMcompatibili, Apple II o Commodore 64 e offre pagamento online di bollette e assegni, posta elettronica e aggiornamento sui tassi bancari praticati; per 5 dollari al mese aggiuntivi è possibile effettuare trading online (ma altri servizi specifici erano già nati), ricevere i prezzi dei titoli e l'andamento degli indici.
Contempora-neamente, dalla collaborazione tra Bank of Scotland e Nottingham Building Society (NBS) nasce nel 1983 l'home banking Homelink, basato sul Prestel. Non è un caso che sia stato sviluppato e fornito agli utenti da una società finanziaria emanazione di un gruppo attivo nell'edilizia.

Figura 14 - Una pubblicità del servizio di home banking Spectrum della Chase Manhattan Bank (1985)

In quegli anni infatti le grandi società costruttrici inglesi stanno diventando pericolosi concorrenti delle banche tradizionali per via dei grandi flussi di capitali che gestiscono e dei servizi finanziari che offrono ai loro clienti; le banche quindi tentano di riportarle sotto il loro controllo con accordi, partnership e scambi azionari. Con Homelink le bollette potevano essere pagate online ed era possibile trasferire soldi alla Bank of Scotland per poi prelevarli dai locali bancomat. Rapidamente la telematizzazione dei servizi bancari per privati dilaga e altre banche europee ne seguono l'esempio: Götabanken di Göteborg (Svezia), la sede di Glasgow (Scozia) di TSB (Regno Unito) nel 1985, poi Barclays, Lloyds Bank, Rabobank e via via molte altre fino a incontrarsi, come più volte ribadito, con il trampolino di lancio chiamato Internet che, accanto alle politiche di commercializzazione fallimentari, sarà anche il fattore decisivo che porterà allo spegnersi, nel giro di pochi anni, del tentativo di invasione degli USA da parte della tecnologia europea (franco-britannica) del Videotex.
Nel 1985 The Gartner Group diffonde un'ottimistica ricerca secondo cui il mercato USA del Videotex da 4 miliardi di dollari passerà a 32 miliardi nel 1990. Nell'agosto del 1985, però, la rivista "Communications News" rileva laconicamente che "i servizi pubblici Videotex languono" e la situazione, in definitiva, non cambierà.
Diversa la sorte del telefono a toni (a tastiera, tecnicamente definito "Dual-Tone Multi-Frequency" o DTMF), che sostituirà progressivamente quello a impulsi (a disco) e che oggi è presente in tutte le case; l'invenzione risale agli anni '60 ed è un brevetto della Western Electric statunitense commercializzato da Bell System col nome di Touch-Tone. AT&T fu la prima telecom ad adottarlo per i suoi clienti nel novembre del 1963. Successivamente altre società svilupparono prodotti analoghi, come il Digitone di Nortel

Networks; tra le sue prime applicazioni troviamo l'abbinamento ai servizi interattivi per i clienti delle televisioni via cavo e l'Autovon, sistema telefonico militare soppresso negli Anni '90.

Diffuso a partire dalla fine degli Anni '70, il Touch-Tone e le sue innumerevoli imitazioni diventeranno il segno distintivo della telefonia moderna a partire dal 1984. Quando cioè negli USA il colosso AT&T, ormai monopolista di fatto, verrà smembrato in tante compagnie regionali (dette "baby Bell", rispetto alla compagnia madre detta "Ma Bell") per favorire la concorrenza. Ciò segnerà la nascita di una miriade di nuovi servizi telefonico-digitali basati proprio sull'interazione dei clienti con i telefoni a tastiera, utili per inserire numeri di carte di credito e password, accedere a conti correnti bancari, effettuare ordini finanziari e altro ancora.

Ma ben prima del boom, già qualche anno dopo il lancio sul mercato del Touch-Tone sono numerose le banche che lo hanno adottato proprio per consentire ai clienti le prime rudimentali gestioni del conto corrente automatizzate. Tra le prime, Bank of Delaware, che fornisce un primitivo servizio sia via tastiera sia via risponditore automatico a cui ci si può rivolgere con un vocabolario di 64 parole.

Non passerà molto tempo che con il telefono a toni sarà possibile negoziare titoli finanziari. Secondo quanto riferisce sul proprio sito Web il broker online canadese-statunitense TD Ameritrade, il primo servizio di questo tipo sarebbe stato lanciato nel 1988 dalla sua controllata Accutrade con il nome di Touchtone Telephone Trading. Nata nel 1975 sull'onda dell'esplosione del settore dei discount broker (dovuta, come già ricordato, alla fine del monopolio del NYSE sulle commissioni di ammissione alle negoziazioni di borsa), Ameritrade viene fondata da Joe Rickett col nome di First Omaha; nel 1987 diventa TransTerra (a cui fa

capo Accutrade) e solo nel 1997, dopo l'acquisizione del pioniere K. Aufhauser & Co. nel 1995 e poi di eBroker, prenderà il nome che conserverà anche dopo la sua integrazione nel gruppo bancario canadese Toronto Dominion ed entrerà nel business del trading online via Internet.
Il servizio di trading telefonico a toni di Accutrade (o AccuTrade) costa inizialmente 3 centesimi per azione negoziata con un minimo di 48 dollari per ordine.
Per non citare che un esempio tra tanti, Quick & Reilly, una piccola società fondata nel 1974 a Palm Beach, in Florida, e inizialmente composta da sole quattro persone, cresce riuscendo per prima ad offrire servizi telefonici con il 40% di sconto rispetto alla media del mercato precedente. A Q&R (oggi inglobata in Bank of America) seguirà, nel 1989, Charles Schwab & Co. con un servizio analogo. Come scrivono J. Chritopher Westland e Theodor H.K. Clark nel 1999, «i discount broker entrano nel mercato dell'intermediazione elettronica gradualmente perché devono considerare l'effetto di dare credibilità al mercato emergente che sta accelerando la migrazione dei clienti.
Schwab e Fidelity dapprima sperimentano il touch tone trading offrendo il 10% di sconto sulle commissioni rispetto alla negoziazione tradizionale. Lo sconto si estende poi agli eseguiti inviati attraverso il software front-end proprietario che consente l'accesso agli intermediari finanziari via modem». Il telefono a toni, insomma, è solo l'antipasto del trading online vero e proprio, i cui successivi sviluppi porteranno ad aggiungere alla linea telefonica digitalizzata e all'apparecchio telefonico, un video, una testiera più ampia ed una capacità di elaborazione centuplicata, con il Videotex prima e con il pc poi. Un antipasto, però, che non abbiamo ancora finito di mangiare, visto che questo tipo di accesso ai mercati è ancora vivo e vegeto, offerto da una gran numero di broker online che lo utilizzano oggi

soprattutto come canale d'emergenza accanto al call center. Con lo sviluppo della tecnologia e delle reti, il passo verso l'home banking vero e proprio è solo questione di tempo, ma lo sviluppo arriverà dopo la nascita del Web nel 1994. Anche in questo caso, come nei precedenti, inizialmente verrà resa disponibile solo la parte informativa del conto, non quella dispositiva, che arriverà negli anni seguenti.
Da questo momento abbandoniamo però l'home banking USA, che seguirà una strada propria (anche se più volte destinata a incrociarsi con il trading) ma che resta un servizio differente per un tipo di clientela differente. Mentre infatti la stragrande maggioranza delle persone ha un conto corrente da gestire (ovviamente mi riferisco alle società occidentali) ed è interessata a investire e proteggere i propri risparmi, soltanto un'esigua minoranza è pronta a rischiare il proprio capitale in parte o interamente negoziando titoli finanziari ed ancor meno sono coloro fra questi che hanno la capacità, la voglia e le risorse per farlo online.
Né si può dire, come vedremo, che l'home banking sia, tecnologicamente o idealmente, il precursore del trading. Si tratta piuttosto di due servizi diversi sviluppatisi parallelamente sulla base delle tecnologie realizzate per telematizzare le transazioni finanziarie interbancarie a livello nazionale e internazionale.

I servizi online e la finanza

Alla fine degli Anni '60 si sviluppano i primi servizi commerciali online che sfruttano la nascente tecnologia del time-sharing, ovvero la possibilità da parte di più utenti di condividere in rete le risorse di un computer. Nato presso il

Dartmouth College di Hanover (New Hampshire, USA) il 1° maggio del 1964, il time-sharing viene sviluppato per ridurre i costi di gestione degli elaboratori aziendali senza incidere sulle performance della singola macchina; dai servizi commerciali che si basano su di esso sorgeranno i colossi dei servizi online degli Anni '90 e 2000 e soltanto la diffusione dell'ADSL ne ridurrà l'importanza a favore della grandi telecom nazionali.

Su queste premesse nel 1969 nasce a Columbus, in Ohio, la prima società di servizi online CompuServe, fondata da una società di assicurazioni che, acquisiti dei computer PDP-10 realizzati dalla DEC, si accorse che erano sovradimensionati rispetto alla sue esigenze. Per questo decise di renderli disponibili a pagamento ad altre società appunto attraverso la modalità di time-sharing. La particolarità di CompuServe è che da subito progetta e realizza in proprio tutta l'infrastruttura, hardware e software compresi. Distribuendo nel corso degli anni i propri computer in giro per gli Stati Uniti e poi in altre parti del mondo (in Europa dal 1982), CompuServe crea una rete accessibile ovunque via telefono e modem relativamente a basso costo (circa 30 dollari all'ora). Si tratta di una rete basata su un protocollo di commutazione a pacchetti sviluppata in proprio e che successivamente verrà integrata con le più moderne evoluzioni protocollari.

Progressivamente aggiunge a connessione, memoria e capacità di elaborazione anche contenuti specifici. Dal 1978 viene avviato il servizio per privati CompuServe Information Service (CIS) che dal 1989 fornirà l'accesso al Word Wide Web e le e-mail; nel 1987 il CIS varrà il 50% del fatturato del gruppo.

Uno dei servizi più redditizi è però gestito dalla Divisione Servizi Finanziari, che realizza la fornitura di dati finanziari provenienti da un gran numero di fonti a partire dalla borse e dalle banche dati private, per poi sviluppare in proprio sistemi di selezione e di analisi dei titoli che verranno in breve utilizzati da tutte le più importanti banche d'investimento (CompuStat e altri). Diventando una piccola rete Internet ante litteram in grado di fornire servizi di ogni tipo agli utenti, sia direttamente sia attraverso migliaia di aziende che progressivamente stringono accordi con CompuServe, è inevitabile che anche molte società finanziarie scelgano questo servizio come vetrina e canale distributivo di massa.

Nei primi anni di attività l'unico vero concorrente di CompuServe sarà The Source. Fondata nel
1979 a McLean, in Virginia, da Bill von Meister e Jack Taub, la società si orienterà rapidamente verso la creazione di servizi informativi accessibili attraverso i microcomputer degli utenti, in fase di diffusione crescente, a costi contenuti. Il servizio viene lanciato nel giugno dello stesso anno e alla sua presentazione lo scrittore di fantascienza Isaac Asimov commenterà che si tratta della nascita dell'era dell'informazione («the start of the information age»).

Successivamente nasceranno numerosi altri servizi informativi online, tra cui i più noti sono Delphi, fondato da Wes Kussmaul nel 1981 (ma attivo dal 1982); tra i numerosi passaggi di mano (l'ultimo avvenuto l'11 settembre 2011) Delphi ha registrato nel 1993 l'acquisizione da parte della News Corporation di Rupert Murdoch, che l'ha poi ceduta a una società formata da alcuni dei precedenti soci. La gestione di NewsCo ha infatti visto precipitare il numero di utenti dai 125.000 del 1995 a qualche decina di migliaia nel 1996. L'importanza di Delphi risiede nel fatto che sarà il primo servizio commerciale in assoluto ad utilizzare il protocollo di comunicazione TCP/IP. CompuServe, The Source e Delphi ospiteranno all'interno dei loro sistemi una

gran numero di società e di servizi legati al mondo della finanza.
Nel 1983 nascerà poi la grande rivale di CompuServe, America On Line (AOL, anch'essa fortemente focalizzata sui servizi ai privati), che la scalzerà dalla sua posizione di primo piano e che nel 1997 rileverà la stessa CompuServe.
Nel 1984 nascerà il futuro gigante Prodigy, mentre nel 1985 sarà poi la volta di Genie, il servizio online di General Electric, che sarà attivo fino al 1994 e che raccoglierà 350.000 utenti.
Salvo CompuServe, la maggior parte dei servizi commerciali online utilizzano protocolli di trasmissione basati sulla codifica X.25, la stessa che, come abbiamo visto, viene sfruttata in Francia per la rete Minitel (1982) e in Italia per la rete Itapac, realizzata dalla SIP (l'attuale Telecom Italia) a partire dal 1986.
Tra gli Anni '50 e l'inizio degli Anni '70, insomma, l'industria della tecnologia informatica compie un grande balzo in avanti, sostenuto da una crescente attività di commercializzazione dei primi costosi prodotti e servizi quasi esclusivamente diretti verso enti e aziende medio-grandi, gli unici soggetti in grado di poter sostenere i costi spropositati delle prime ingombranti infrastrutture ed aventi esigenze complesse di elaborazione di grandi quantità di dati e di trasmissione a sedi decentrate, a volte sparse attraverso i continenti. Tuttavia, a partire dagli Anni '80, la rapida diffusione di personal computer e microcomputer (a partire dalle grandi e medie aziende e poi ai privati) consente ai produttori di accumulare capitali sufficienti per svincolarsi dai finanziamenti della Difesa, investire in ricerca e sviluppo e ridurre i prezzi dei prodotti rendendoli fruibili al grande pubblico, dando avvio a una spirale virtuosa che da allora non si è ancora arrestata.

L'informatizzazione dei mercati

Avere un intermediario tecnologico non è però sufficiente se le borse non lo sono. I passaggi necessari a mettere in contatto il trader con i mercati sono infatti numerosi e ognuno di essi necessita di un canale ad hoc e affinché tutti i canali della filiera finanziaria si telematizzino saranno necessari molti anni.
Semplificando molto, il trader si connette al proprio fornitore di connessione a Internet, che lo collega al Web e da qui al suo broker online; questo a sua volta è connesso alle borse (sia per l'esecuzione degli ordini sia per la fornitura dei dati) e ad altri fornitori di servizi online (news, elaborazione dati ecc.) la borsa a sua volta è connessa ai fornitori di servizi di clearing e settlement. Tutto questo percorso neanche oggi è in ogni caso del tutto telematizzato. Intanto non tutte le borse mondiali lo sono, e questo non solo per carenza di risorse ma anche per necessità "politiche". Il caso più clamoroso e attuale è quello del NYSE: il suo sistema di negoziazione dell'asta alle grida (ovvero con richieste di negoziazione a voce all'interno di apposite sale) è stato per anni strenuamente difeso dagli operatori che vi lavorano, sia per timore di essere rimpiazzati da computer sia per la convinzione secondo cui la presenza di personale esperto che interrompa il flusso di ordini e sia in grado di valutarne la rilevanza per il mercato può ridurre i rischi di eventi drammatici per tutto il sistema. Per questo soltanto a partire dal 1995 è stata digitalizzata la connessione tra i broker e i professionisti presenti nelle sale di negoziazione del NYSE e quella tra questi ultimi e il mercato, mantenendo quindi la presenza degli operatori stessi come elemento umano di connessione (o di interruzione) dei due flussi. I professionisti, però, possono scegliere come regolarsi

all'interno di un sistema ibrido: lasciar correre in automatico l'ordine oppure gestirlo manualmente; il flusso automatico ha infatti dei livelli, detti "liquidity replenishment points" (LPR), a cui scatta automaticamente il trading manuale interrompendo quello digitalizzato; in questo modo il mercato viene rallentato e la presenza degli operatori riduce (o dovrebbe ridurre) i rischi di sbalzi dei prezzi eccessivamente repentini.

Anche all'interno dei broker la digitalizzazione non è mai stata totale. Negli Anni '80 e '90, in molti casi l'ordine che arriva online dal cliente privato compare sul terminale di un trader del desk di negoziazione (cioè sul computer del professionista che lavora negli uffici dell'intermediario) che provvede ad inviarlo al mercato con metodi differenti (telefono, fax, e-mail, computer) e spesso conferma l'ordine anche a distanza di qualche ora. Questo perché, a parte il NASDAQ, i mercati non sono ancora attrezzati per ricevere ordini via Internet. Anche oggi, alcuni mercati apparentemente online, come per esempio il Forex (per il quale però "mercato" è una definizione impropria), hanno alla fine della filiera due persone al telefono che negoziano il prezzo di scambio a voce. Questo perché trattandosi di mercati OTC (over-the-counter, cioè non regolamentati), non vi sono norme specifiche da rispettare nelle trattative. In molti casi singoli istituti o gruppi di essi hanno costituito circuiti alternativi privati in cui scambiare online obbligazioni, valute, CFD e altri titoli, ma si tratta comunque di iniziative limitate. Parallelamente alla diffusione del trading online (in questo caso inteso come connessione col solo broker), sulla spinta del successo del NASDAQ e degli ECN, sia negli Stati Uniti sia come vedremo in Europa, anche le "grida" si vanno facendo sempre più flebili, per lasciare il posto al suono ovattato dei click delle tastiere. Questo perché anche le borse avviano un processo di telematizzazione per ridurre i costi, i tempi di negoziazione ma anche l'alto numero di errori che le grida portano da sempre con sé.

Tralasciando appunto il NASDAQ, nato nel 1971 già sulla base di un modello esclusivamente telematico, in Nord America un listino rivendica il primato di primo mercato regolamentato azionario telematico sul filo del rasoio con il NASDAQ (che, ricordiamo, nasce come listino elettronico di titoli OTC e soltanto nel 1975 si trasforma in una borsa azionaria a tutti gli effetti). Si tratta della Cincinnnati Stock Exchange, oggi trasformatosi in National Stock Exchange, che nel 1976 chiuderà definitivamente il floor (la sala delle negoziazione alle grida, in inglese) per sostituirla con un sistema totalmente automatizzato.

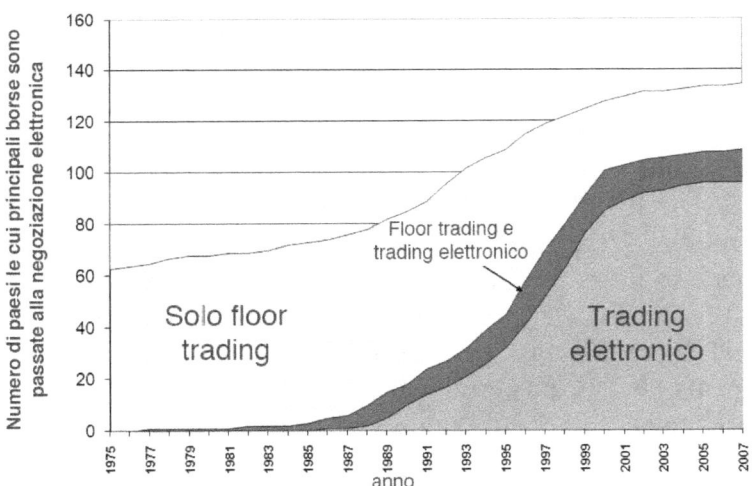

Figura 15 - L'evoluzione delle borse mondiali dalla negoziazione "alle grida" a quella elettronica

Via via, borse ed ECN degli Stati Uniti, poi d'Europa e d'Asia, ma anche dell'America Latina, s'immettono rapidamente sull'auto-strada digitale. Il London Stock Exchange avvia la digitalizzazione a partire dal 1988, mentre in Italia, la Borsa di Milano è diventata completamente telematizzata nel 1997, dopo aver assorbito tutte le altre borse italiane e aver assunto la denominazione di Borsa Italiana. Il processo di automatizzazione delle borse non è ancora completato e non è detto che lo sarà mai. Tuttavia, i principali listini regolamentati a livello mondiale sono facilmente raggiungibili attraverso i servizi di trading online.

La tecnologia, inoltre, anche in questo caso favorisce l'abbattimento dei costi e quindi la competizione. Per questo, per non fare che pochi esempi, nel 1992 Chicago Mercantile Exchange (CME), Singapore International Monetary Exchange (Simex) e la francese Matif si uniscono e lanciano Globex, mercato elettronico regolamentato di derivati e opzioni; l'anno seguente New York Mercantile Exchange (Nymex) apre a Londra un servizio telematico di accesso al proprio mercato di contratti relativi al settore energetico e nel corso degli anni successivi la tecnologia invade pervasivamente i più importanti listini del mondo. Che oltre a digitalizzare gli scambi, si connettono tra loro: CME e LIFFE (London International Financial Futures & Options Exchange), per esempio, integrano le rispettive piattaforme di scambio di derivati, Globex 2 e Liffe Connect. Fino ad arrivare al 2011, quando due cosiddetti MTF (multilateral trading facility, una forma di borsa regolamentata creata all'interno dell'Unione Europea), la britannica Chi-X e il ramo europeo della statunitense Bats, si fondono per dare vita al terzo polo mondiale per volumi di scambi dopo quello del NYSE Euronext (fusione a sua volta del mercato USA e del circuito europeo che comprende le borse di Parigi, Bruxelles e Amsterdam) e di quello del NASDAQ OMX (costituito dal listino nordamericano e dal circuito borsistico scandinavo).

CAPITOLO 2

Gli Anni '80 e la prima generazione di broker online

Dai primi Anni '70 la Difesa USA apre ai privati la rete di computer Arpanet, che nel 1982 diventerà ufficialmente Internet, mentre nel 1976 la neonata Apple, fondata dai due diciassettenni Steve Jobs e Steve Wozniak, presenta il computer Apple I; nel 1977 la società, che prende il nome dalla famosa mela che avrebbe stimolato Newton a studiare la gravità (riportata nel marchio originario dell'azienda), lancia l'Apple II e negli Anni '80 l'Apple III. Nel 1981 IBM lancia il Personal Computer 5150, che da qual momento diventerà il "pc" per definizione, invaderà gli uffici di tutto il mondo e si trasformerà in uno standard mondiale.
Dopo la nascita di Instinet nel 1969, la liberalizzazione del mercato finanziario USA del 1975 e la nascita del NASDAQ nel 1972, è il 1982 che segna un altro importante passo verso

la negoziazione telematica di titoli finanziari quotati per privati, o trading online. Nell'aprile di quell'anno, infatti, Max Ule & Co., broker controllato dalla società finanziaria di New York Rosenkrantz, Ehrenkrants, Lyon & Ross Inc., lancia Tickerscreen, una BBS (bullettin board system, antesignana degli attuali forum online) che mette a disposizione degli utenti i prezzi di chiusura del NYSE, le chiusure degli indici e un sistema di confronto con i costi dei servizi concorrenti. Il sistema, gratuito, è direttamente concorrenziale con quello fornito a pagamento da colossi come Dow Jones. La società, che porta il nome del suo fondatore e presidente, mette inoltre a disposizione degli utenti il software Tickertec con cui è possibile effettuare analisi sui dati di mercato ricevuti con un ritardo di 15 minuti, ma dai costi già allora proibitivi: da 1.000 a 6.975 dollari a seconda delle configurazioni. Nel giro di poche settimane il servizio si amplierà alla negoziazione diretta di titoli nell'after hours (mercato serale): il cliente invia l'ordine che viene preso in carico dal desk ed inviato a mercato la mattina successiva. Non è ancora il "tempo reale" né il trading online inteso in senso moderno, ma è un importante primo passo. Il nome "Tickerscreen" risulta registrato sin dal luglio 1979, segno che da tempo le idee di Max Ule aspettavano che tecnologia e capitali s'incontrassero. Lo stesso Max Ule, in un'intervista realizzata al momento del lancio dell'iniziativa, racconta che l'idea gli sarebbe venuta pensando al fatto di avere tre computer e tre linee telefoniche che la notte rimanevano completamente inutilizzate. «Spero che questo sia il modo di intercettare un nuovo tipo di clienti afferma il tipo di uomo d'affari che spende l'80% del suo tempo in riunioni, che è esperto di computer e che possiede un pc attraverso cui immettere gli ordini». E per quelli che non hanno un pc, vuole realizzare un accordo con un produttore per fornirli a prezzo scontato.

Un profilo della carriera di Max Ule si ritrova sul suo sito web personale, che appare però abbandonato da tempo. Dopo aver lavorato nel marketing di una società finanziaria ed essere diventato direttore e maggior azionista di un intermediario di Cleveland, Ule guida una divisione della Rosenkrantz e soci (quella che appunto creerà Tickerscreen), poi viene nominato vicepresidente di un'altra società finanziaria, per passare alla Herzog Heine Geduld (oggi inglobata in Bank of America) sotto l'etichetta di "Max Ule Division". Infine, diviene vicepresidente investimenti della Shields & Company, dopodiché se ne perdono le tracce professionali. La storia di Max Ule s'intreccia però con quella di Trade*Plus, società che anni dopo sarà alla base dello sviluppo di un colosso mondiale del settore e che potrebbe a buon diritto essere considerato il primo vero servizio di trading online della generazione degli Anni '80 o pre-Internet. Il condizionale è però d'obbligo, visto che a contendergli il primato, come vedremo più avanti, c'è anche NAICO-Net. Nel 1982, infatti, il cinquantaduenne fisico e inventore William Porter e il coetaneo Bernard Newcomb, fondano a Palo Alto, in California, la società Trade*Plus con 15.000 dollari di capitale iniziale. I due si sono incontrati a una festa nel 1980 e Newcomb (quasi cieco dalla nascita e impiegato da tre anni al servizio di elaborazione dati della General Electric) si è appena comprato un Apple II. Porter coinvolge quindi l'amico nel suo progetto di usare il computer per ottenere e gestire le quotazioni dei titoli di borsa, saltando i costosi intermediari e fornitori di dati tradizionali. Il primo servizio online offerto da Trade*Plus è basato appunto sul software Tickerscreen di Max Ule. Porter però non si ferma qui. La sua idea è che nel giro di pochi anni sarà possibile vedere in ogni ufficio postazioni con pc dotati di modem, usati quindi da potenziali clienti di servizi online, e che nel mondo

finanziario le commissioni allora attorno al 9% per transazione nell'intermediazione tradizionale abbiano ampi margini di riduzione.
Porter realizza, per e in collaborazione con il broker CD Anderson & Co., un nuovo sistema di inserimento ordini automatizzato che viene reso disponibile ai clienti della CD Anderson nel luglio del 1983 sotto il nome di Desk Top Broker. E l'11 luglio 1983 un dentista del Michigan (Stati Uniti) passa alla storia per essere stato il primo utente privato del globo a inviare ordini online direttamente in borsa.
Trade*Plus, quindi, inizialmente non è un broker online, quanto più una società informatica che realizza sistemi di negoziazione per il settore finanziario.
Desk Top Broker consente di inviare ordini online al desk della CD Anderson e di vederli confermati in un periodo di tempo che può variare dai 90 secondi ai 15 minuti. L'eseguito viene poi confermato via e-mail con automatico aggiornamento del portafoglio; sono disponibili ordini a mercato, con limiti, validi fino a cancellazione e quotidiani, stop-loss, stop-buy e stop-sell, mentre è possibile utilizzare margini e vendite allo scoperto (short). Desk Top Broker offre prezzi aggiornati in tempo reale oppure ritardati di 20 minuti, la possibilità di monitorare gli ordini dell'ultimo anno e i prezzi di 18 titoli contemporaneamente e di attivare allarmi sonori in caso di superamento dei limiti inseriti. Il software è poi integrabile con Lotusplan 1-2-3, Multiplan o Visicalc per l'elaborazione personale dei dati e consente l'inserimento di ordini a mercato aperto e la gestione del portafoglio titoli. I costi, tuttavia, per gli utenti privati sono ancora alti: 195 dollari per la sottoscrizione del contratto con Trade*Plus, 15 dollari al mese per un'ora di connessione, 24 dollari all'ora per la connessione a mercati aperti e 6 dollari a mercati chiusi; per i dati in tempo reale, i privati pagano

75 dollari al mese, i professionisti 135, così come stabilito dalla NASD. Non si può dire che Desk Top Broker sia un successo strabiliante: dopo 18 mesi di attività saranno circa 500 i clienti che avranno sottoscritto il servizio.

Arduo dire se il primato di primo broker online della storia spetti a Trade*Plus o a CD Anderson. Tra il 1982 e il 1983, infatti, le due società restano strettamente legate, la prima come fornitrice e gestore del sistema elettronico di trading (ma non come intermediario finanziario), la seconda come società finanziaria che lo propone ai propri clienti e che, in fin dei conti, ci mette la faccia. Fondata a San Francisco da C. Derek Anderson avvia così nel 1983 un servizio che già nel 1984 lo porterà ad avere 500 clienti online, che garantiranno il 12% delle entrate della società. Nato nel 1941 a Los Angeles, Derek Anderson inizia la sua carriera nella finanza lavorando presso la Pacific Stock Exchange e per alcune piccole società finanziarie; nel 1973 fonda la società che porta il suo nome, «uno dei primi discount broker d'America afferma egli stesso in un'intervista e il primo ad offrire investimenti online, dieci anni troppo presto». Dopo la cessione nel 1985 delle attività alla Security Pacific Banks (oggi integrata in Bank of America), Anderson darà vita alla società d'investimenti Plantagenet Capital, dal nome di una dinastia che ha dato almeno 15 re all'Inghilterra e da cui si vanta di discendere. A partire dalla metà del 1984, essendo scaduto l'accordo di esclusiva tra Trade*Plus e CD Andersen, Porter sarà libero di vendere il proprio servizio tecnologico ad altri intermediari finanziari, banche e broker tradizionali intenzionati ad entrare nell'online. Il servizio spopola rapidamente tra le società finanziarie e verrà adottato, tra gli altri, da Quick & Reilly (che lo usa per gestire i clienti online del servizio Pronto di Chemical Bank), da Charles Schwab (connessa allo stesso modo con Bank of America), da Fidelity Investments (per il

servizio denominato Investor's Express), Texas Securities e altri. Soltanto successivamente, come vedremo, Porter fonderà E*Trade con un proprio servizio di trading online destinato a rivoluzionare il mercato e a fare del suo gruppo un punto di riferimento a livello mondiale. Quasi contemporaneamente la North American Holding Corporation (NAH) di East Hartford (Connecticut), guidata da Edward M. Kopko, lancia il servizio NAICO-Net attraverso la sua controllata North American Investment Corp. (NAICO).
La testimonianza della trader, scrittrice e formatrice statunitense Natalie Stetz Tobias, non sembra lasciare dubbi sullo stupore provocato dalla novità: «Ricordo la prima volta che vidi nel mio Radio Shack [negozio di una catena d'informatica USA, NdA] un computer con lo schermo nero e le scritte fluorescenti verdi. Era il 1981. Ma già un anno dopo, nel 1982, venne messo online il primo servizio completo di negoziazione per utenti privati per comprare e vendere azioni, fondi comuni e materie prime usando un pc. Si chiamava NAICO-Net ed era offerto da una società chiamata North American Holding Corporation con sede a East Hartford, nel Connecticut. Il sistema era basato sulla codifica ANSI, cioè utilizzava terminali, ma i pc IBM potevano connettersi ad esso attraverso una semplice applicazione da qualunque parte del mondo. Gli ordini venivano inviati direttamente alla Pershing Corporation del gruppo Donaldson Lufkin & Jenrette (DLJ) per il clearing ad alta velocità e il numero di trader era rapidamente cresciuto a circa 5.000». A NAICO-Net è possibile accedere attraverso i servizi di connessione forniti da Delphi, CompuServe e The Source. Rispetto alla concorrenza NAICO-Net mette a disposizione dei clienti anche un servizio di ricerca e di indicazioni operative di borsa su titoli azionari seguiti da un desk interno di analisti, oltre a non

richiedere in pagamento alcuna quota al momento della sottoscrizione e facendo pagare solo i servizi utilizzati nel corso della connessione online. «E NAICO-Net sottolinea una rivista dell'epoca, "Inc. Magazine" applica una commissione leggermente inferiore (slightly lower) rispetto agli altri intermediari full-service».
Secondo i dati riportati sul sito Web del "New York Times" e da "PR Newswire", North American Holding si quota sul NASDAQ nel marzo 1984 offrendo un milione di azioni e passando da un fatturato di circa 2 milioni di dollari a quasi 18 milioni e utili a 500.000 dollari nel 1987.
Il vicepresidente per l'area telecom di NAICO (di cui non è stato possibile recuperare il nome), si attribuisce la paternità del progetto NAICO-Net, che sarebbe stato da lui sviluppato a partire dalla primavera del 1983 e che definisce «il primo sistema elettronico di scambio di titoli per privati per comprare e vendere azioni, fondi comuni e commodity con un pc o un terminale». NAICONet avrebbe raggiunto i 5.000 clienti nel giro di qualche anno, sviluppando successivamente per il colosso delle telecomunicazioni MCI (oggi Verizon) il servizio d'informazioni interattivo Insight, basato sul telex e sull'integrazione di circa 400 database, di cui circa 200 finanziari.
Una pubblicità dell'epoca, presente sul settimanale "InfoWorld" del 28 luglio 1986, annuncia la rivoluzione della comunicazione online, offerta attraverso la società Networked System International (NSI, controllata da North American Investments): il primo sistema di teleconferenza via pc e telex al mondo, in collaborazione con MCI, una grande banca dati su oltre 4.200 società e titoli over-the-counter (OTC News Alert), realizzato con Comtex e con il "NASD Board of Governors", e il servizio NAICO-Net. «Negozia titoli online recita la pubblicità con NAICO-Net, la tua linea diretta con un servizio d'intermediazione unico

a livello mondiale. Via pc o telex, puoi "chiamare il tuo broker" a qualunque ora, di giorno o di notte. Apri un conto personale o aziendale per ricevere commissioni scontate per negoziare titoli "online"» (le virgolette sono nell'originale). Il servizio viene fornito attraverso le reti Tymnet e Uninet, con costi di connessione che variano da 6 a 27 dollari per ora a seconda della velocità scelta (da 110 a 2.400 baud), oppure in dial-up, cioè attraverso la normale rete telefonica, da 1 a 3 dollari all'ora; nessun costo di connessione per l'accesso via telex. L'idea è innovativa e, al pari di quella della CD Anderson, potenzialmente dirompente.
Tuttavia, il disastro è dietro l'angolo, disastro che per il gruppo North American Holding prende il nome di Joseph P. McGivney. La ricostruzione dei fatti è complessa, ma in sostanza si tratta di un caso clamoroso di multilevel marketing in cui la dirigenza del gruppo viene più o meno consapevolmente coinvolta.
McGivney è infatti un financial planner (un promotore finanziario) dotato di uno straordinario carisma, di un'immensa faccia tosta e di una gran voglia di fare soldi senza andare troppo per il sottile. Un grande venditore, insomma, che sarebbe capace di vendere ghiaccio agli eschimesi. Nel 1981, a 47 anni, avvia la sua attività iniziando a diffondere il "verbo" a Bridgeview, un sobborgo di Chicago. Lo fa attraverso incontri aperti a folle crescenti, denominati Wealth Unlimited Seminar ("Seminari sulla ricchezza illimitata"), in cui da una parte esalta il rischio finanziario e gli investimenti in titoli azionari OTC di società caratterizzate da grandi "potenzialità" di crescita, dall'altra propone a chi lo ascolta di diventare non solo acquirente, ma lui stesso venditore delle proposte finanziarie dalla sua creatura, la JPM Industries, dove ovviamente JPM sono le iniziali del suo nome e la società è poco più di una scatola vuota. Una delle sue frasi preferite è: «I nostri padri

ci hanno insegnato a mettere i soldi in banca, a non fare mai investimenti e a non prendere rischi. In questo modo solo le banche si sono arricchite».

La sua attività iniziale, infatti, si limita ai corsi di preparazione alla vendita per la società e alla diffusione del materiale informativo relativo alla società stessa, da cui, nel giro di un paio d'anni riceverà ben 4,2 milioni di dollari. La sua travolgente arte oratoria e i successi dei primi anni attraggono quelle che un giornale dell'epoca definisce "masse suburbane" (siamo nella periferia di una delle città più industrializzate degli Stati Uniti), composte da studenti, operai e artigiani che arrivano a fatica a fine mese e che vengono orgogliosamente soprannominati "Joe-work-hards", cioè americani medi che lavorano duro.

Il numero di venditori-clienti di McGivney arriva a toccare le 14.000 unità; ad essi fa comprare (e incentiva a vendere) azioni di società non quotate: quella della stessa JPMI, ma anche quelle dell'Hospital Newspapers Group, della UAS Automation Systems e, guarda caso, quella della North American Ventures (NAV) di East Hartford, Connecticut.

Ecco dunque il primo nodo dell'intreccio tra McGivney e i fratelli Kopko. Edward (31 anni nel 1987), presidente di NAICO, ha infatti un fratello minore, Frederick, avvocato e maggior azionista di un importante studio di Chicago, D'Ancona & Pflaum, ma anche direttore di NAH (la controllante), di NAICO (il broker controllato da NAH) e appunto di North American Ventures (NAV, finanziaria d'investimento), oltre ad essere procuratore legale di JPMI e di numerose società di cui McGivney propone le azioni in giro per l'Illinois.

Lo stretto legame tra Frederick Kopko e Joseph McGivney appare poi evidente quando, il 1° luglio 1985, JPMI si quota al NASDAQ; da questa operazione NAICO (che oltre a fare il broker online svolge anche attività finanziarie tradizionali, come portare al collocamento in borsa le aziende che necessitino di capitali) ricava 250.000 dollari e 30.000 azioni di JPMI grazie all'incarico di "sottoscrittore qualificato indipendente". Una definizione che per la NASD ha un significato ben preciso relativamente alla correttezza della due diligence pre-quotazione. Una correttezza che, visto l'evidente conflitto d'interessi dei suoi amministratori, non poteva essere garantita. Anche perché McGivney non inserisce nel prospetto informativo i legami con il gruppo NAH, che sarà successivamente un attivo market maker di JPMI come di tutte le società proposte che arriveranno a quotarsi. Tuttavia il mercato sembra entusiasta di questa società e la valuta 470 milioni di dollari, a fronte di un fatturato 1986 di 8 milioni e di un utile (il primo della sua storia) di circa 400.000 dollari.

Nel frattempo, a fine 1986 North American Ventures acquisisce Butler International (attiva nel settore degli equipaggiamenti aerei, settore che Frederick Kopko segue come avvocato) che nel 1992 darà il nome a tutto il gruppo; il 6 gennaio 1988 NAICO rileva le attività della banca d'investimenti Providence Securities. Il 10 maggio 1988 Butler-NAICO intenta una causa contro la società che ne cura il clearing, Donaldson Lufkin & Jenrette chiedendo danni per oltre 100 milioni di dollari con l'accusa di pratiche irregolari, ma avviando in questo modo una spirale negativa che porterà il 5 luglio alla sospensione delle operazioni di brokeraggio e il 7 luglio alla cessione dell'attività di intermediazione verso clienti privati e dei loro conti al broker newyorkese Jonathan Alan & Co. (fondato nel 1983 e rilevato dal gruppo Titan Values nel 1990). Non sembra che né la Alan prima né la Titan poi abbiano portato avanti le attività online di NAICO. Il 18 luglio 1988 viene poi ceduto il ramo informativo della società, Networking and World Information. È la fine delle attività online e di NAICO-Net.

Nel febbraio 1990, infine, Joseph McGivney, lo studio legale D'Ancona & Pflaum (cioè Frederick Kopko), Edward Kopko ed altri vengono messi sotto inchiesta da parte un giudice federale del Connecticut, il primo per avere venduto azioni di società non quotate senza licenza, gli altri per «manipolazione di titoli, promozione e vendita non autorizzata di azioni su conti di clienti, eccessivo ricarico sui titoli, parcheggio di titoli nei conti dei clienti, improprio uso dei margini», il tutto causando, secondo l'accusa del procuratore distrettuale, «milioni di dollari di perdite a migliaia di clienti».

Come sia finita la causa conta poco, ma basti dire che negli anni successivi troveremo Edward M. Kopko a dirigere una rivista per dirigenti d'azienda e il fratello a svolgere l'attività di avvocato presso un altro studio. Il gruppo NAH, trasformatosi in Butler International e dismesse le attività finanziarie prima e quelle aeronautiche poi, si focalizzerà su servizi informatici e ingegneristici vari per poi arrivare alla bancarotta nel 2009, cedendo parte delle attività a Butler America, tuttora attiva, costituita da alcuni ex dirigenti.

Un mondo in fermento

Siamo dunque arrivati al luglio del 1984, quando il giornalista Jim Bartimo, facendo il punto della situazione del trading online negli Stati Uniti, descrive sulla rivista statunitense "InfoWorld", nell'articolo dal titolo "I clienti con microcomputer sfidano gli intermediari finanziari", un mondo in fermento: dei circa 75-80.000 intermediari finanziari attivi negli Stati Uniti il 10% cioè 7-8.000 società usa i microcomputer per offrire i suoi servizi, con un incremento atteso per il 1985 del 30%.
Nel 1984, quindi, circa 520.000 clienti si connettono attivamente ai microcomputer di cui i circa 8.000 broker si sono dotati. Si tratta nella stragrande maggioranza dei casi di discount broker, intermediari "a sconto" che offrono servizi online per monitorare informazioni e conti (e che solo in pochissimi casi consentono l'invio telematico di ordini), ma non analisi o ricerche, che quindi l'utente deve farsi da solo; per riuscirci i broker mettono a disposizione dati di borsa in tempo reale (il che a quei tempi significa con molti secondi di ritardo, quando va bene) o differiti di 15-20 minuti, ma anche banche dati informative sempre aggiornate ormai da tempo disponibili anche in formato digitale e che avranno un enorme sviluppo fino ai giorni nostri. Tra queste quelle di Dow Jones, The Source e decine di altre, che complessivamente rappresentano un pilastro portante dello sviluppo del trading online moderno e che daranno il via a decennali polemiche sia circa l'opportunità che un cliente privato faccia da solo le proprie scelte d'investimento senza l'assistenza di professionisti specializzati, sia per l'influenza che hanno e avranno sempre di più su una grande massa di investitori (professionisti e privati) e sulla loro capacità di modificare le tendenze dei mercati. La forte diffusione del

trading online spinge progressivamente i grandi servizi online come CompuServe e The Source, che guadagnano sul tempo di permanenza in rete degli utenti, a stringere accordi con i nuovi broker telematici per incrementare ulteriormente il traffico che passa attraverso i loro sistemi, offrendo agli utenti connes-sione e accesso a grandi quantità di informazioni e di servizi di terzi, e ai broker delle enormi e affollatissime "piazze virtuali" su cui andare a proporre i propri prodotti. L'attivismo dei servizi online nel reclutare "generatori di traffico" porterà quindi nel giro di pochi anni (prima della confluenza generale nel Web) alla divisione dei broker online in due categorie: quelli attivi attraverso i servizi online e quelli a connessione diretta.

Per molti anni, tuttavia, lo sviluppo del settore sarà ritardato dalle alte tariffe di connessione (calcolate appunto a tempo), in genere più alte di quelle delle commissioni di trading. Per questo motivo tutti i servizi offrono la funzione di preparare gli ordini off-line per immetterli poi in pochi secondi a connessione avvenuta. Nel settembre del 1984, ancora secondo "InfoWorld", Delphi offre NAICO-Net a 19,95 dollari, CompuServe è connesso a Max Ule (che vanta già 175 clienti) da tre settimane, crescendo al ritmo di tre-cinque nuovi conti aperti ogni giorno, mentre CD Anderson dichiara che già il 10-15% del proprio business (avviato l'anno precedente) passa attraverso il servizio di trading online Desk Top Brokers. Nello stesso mese The Source annuncia il lancio, nel giro di qualche settimana, del proprio servizio di trading online, Investor Services o Executive Investor Services, gestito da Spear Securities di Los Angeles e che costerà 18,5 dollari al mese per i dati di borsa (New York, American Stock Exchange e OTC) in tempo reale; il sistema aggiorna costantemente tutti i dati dopo ogni ordine, tasse comprese. Nel 1994, all'alba del World Wide Web, tra i broker ancora connessi ai servizi online troveremo

Pershing su Prodigy, E*Trade, Quick & Reilly e Max Ule Investments su CompuServe, Trade*Plus e ancora Quick & Reilly su America On Line, mentre tra i "diretti" Fidelity Investments (via Tymnet), Charles Schwab e Accutrade. Da notare come E*Trade e Trade*Plus facciano capo ai medesimi soci. Nel settembre del 1984 scende nella mischia su The Source anche Spear Securities di Los Angeles, guidata da Richard Smiley e controllata da Spear Financial Services che fa capo a Charles (Chuck) Spear; nel marzo del 1985 raccoglierà 700 clienti online, per raggiungere i 5.000 due anni dopo. Per negoziare titoli è necessario iscriversi a The Source (49,95 dollari una tantum), mentre il costo di connessione varia dai 14 ai 46 centesimi al minuto (8-27 dollari all'ora), con un minimo di 10 dollari al mese. Spear, che ha un accordo con NEC per la vendita di computer a prezzi scontati agli utenti, offre dati di borsa ritardati di 15 minuti, consente il trading su circa mille titoli e permette di avere una conferma dell'eseguito entro due minuti dall'invio. Nel gennaio del 1984 The Source dichiara che hanno sottoscritto il servizio di Spear «più di 1.200 trader». La piattaforma («che dà accesso ai parterre dei mercati di tutti gli Stati Uniti») consente di selezionare i mercati e i titoli desiderati oppure di sfruttare una lista di 200 tra azioni e opzioni preselezionate. Inoltre le negoziazioni effettuate vengono registrate e le tasse da pagare calcolate per poi essere automaticamente salvate su una scheda stampabile che riproduce il documento da presentare al fisco, il modello D. È poi dell'ottobre 1984 l'annuncio di Fidelity di un nuovo servizio online per utenti privati: Investor's Express. Nato negli Anni '30, il gruppo Fidelity di Boston è diventato il primo discount broker degli Stati Uniti dopo la liberalizzazione del 1975 e ha dato vita a numerose società che offrono servizi e prodotti finanziari ai privati. Attraverso Fidelity Brokerage Services offre il trading sulla piattaforma di Trade*Plus, che però nell'aprile 1986 verrà sostituita da un sistema proprietario. Nel 1992 Investor's Express diventerà Fidelity On-line Xpress (FOX), affiancando al pc anche il telefono touch tone.

Pur offrendo, almeno inizialmente, la stessa piattaforma di CD Anderson, Investor's Express ha una sorte ben diversa e diventa rapidamente un successo: in cinque mesi si trasforma nel primo servizio di trading online per diffusione degli Stati Uniti e nel marzo del 1985 avrà già raggiunto i 1.000 clienti, preparandosi a diventare lo strumento online di molte piccole e medie banche locali statunitensi.

Il servizio offre inizialmente solo azioni e opzioni OTC e costa 195 dollari di sottoscrizione all'entrata, oltre a un costo di connessione di 30 centesimi all'ora a mercati aperti e di 10 centesimi all'ora a mercati chiusi e nel fine settimana. Investor's Express mette poi a disposizione dei clienti la banca dati Dow Jones News/Retrieval pagando 12 dollari una tantum più 8 dollari al mese. La previsione della banca è che in tre anni il 35% dei clienti sottoscrivano il servizio online. Tra il 1984 e il 1985, anche Charles Schwab, che a quel tempo è già uno dei più importanti intermediari statunitensi con quasi un milioni di clienti e 1,5 miliardi di dollari di capitali gestiti, scende in campo. Tre anni dopo aver implementato il sistema telematico interno BETA (Brokerage Execution and Transaction Analisys) dà infatti vita a The Equalizer, un sistema che mette a disposizione un ampio database di informazioni borsistiche, la possibilità di effettuare elaborazioni su queste informazioni e un sistema di trading online con connessione dial-up, che cioè viene effettuata sulle normali linee telefoniche attraverso un modem, componendo ogni volta un numero telefonico dedicato. Il servizio non ha però un grande successo, non solo per la lentezza intrinseca della connessione dial-up, ma anche perché le schermate sono tutte testuali e senza grafica (il sistema operativo su cui si basa è il DOS), rendendo l'elaborazione piuttosto complessa. The Equalizer sarà sostituito nel 1993 da SmartStreet. Nel febbraio 1985 è attivo anche il servizio Hutton-line (o Hutton line o The Hutton line) del broker EF Hutton & Co., che a differenza di Spear fa parte della categoria intermediari che non passano attraverso i servizi online come CompuServe ma che sono accessibili attraverso linee dirette. Oltre al trading offre informazioni, news e dati in tempo reale, gestione del portafoglio e del conto, studi e ricerche propri e posta elettronica. La storia di Hutton è turbolenta e, come nel caso di North American Investments, non mancherà l'intervento di più di un giudice federale che ne accelererà la chiusura, avvenuta formalmente nel 1988.

Nata nel 1904 in California, la sua denominazione riporta proprio al fondatore, Edward Francis Hutton, leggendario per la sua capacità di zittire tutti nel momento in cui iniziava a parlare: «Quando E.F. Hutton parla, la gente ascolta («When The talks, people listen») è un modo di dire molto comune negli ambienti finanziari statunitensi anche attualmente; un esempio è la recente battuta sul presidente USA Barack Obama da parte di un commentatore tv, che lo ha definito "l'anti-E.F. Hutton" per la sua mancanza di carisma. Negli Anni '70 e '80 il gruppo fondato da Edward Francis diventa un importante player finanziario a cui fanno capo una banca e numerose società di servizi, attive in ogni settore della finanza. Nel 1981 iniziano però i guai che lo portano alla fusione con una società di American Express, cioè alla chiusura. Che cos'è successo? Nel 1970 diventa chief executive officer (CEO, più o meno amministratore delegato) Robert Fomon. Dal 1972, anno della quotazione in borsa, al 1982 la crescita del gruppo appare inarrestabile, grazie soprattutto alla rapida reazione alla liberalizzazione dell'intermediazione finanziaria avvenuta nel 1975: Hutton apre filiali in tutto il Paese, arriva a contare circa 4.000 dirigenti e dichiara ricavi per circa 1,1 miliardi di dollari, più di quanto non sia in grado di fare per esempio Merrill Lynch, mentre il braccio destro di Fomon, George Ball, avvia il business dei servizi alla clientela privata. Tuttavia la concorrenza è forte e a fronte di ricavi in rallentamento proprio i costi dell'area retail (cioè delle attività verso i privati) decollano progressivamente fino a essere fuori controllo. La disorganizzazione e l'improvvisazione nelle decisioni aziendali, in seguito confermata da gran parte del management, aggravano la situazione.

Nel 1982, con l'uscita di Ball, l'area retail viene affidata a un dirigente privo di esperienza nel settore e che per di più poche settimane dopo subisce un grave incidente che lo costringe a stare lontano dall'ufficio per molto tempo. In questa situazione precaria viene lanciato il servizio di trading online per privati. Nel 1984 scoppia la prima bomba: un procuratore distrettuale della Pennsylvania apre un procedimento giudiziario a carico della Hutton per aver attuato una truffa sotto forma di check kiting: la società avrebbe emesso assegni d'importo superiore al saldo disponibile sui conti aperti presso diverse banche, utilizzando gli uni a garanzia degli altri in modo da superare i controlli sulle giacenze. In questo modo, nei periodi di "vuoto" compresi tra l'emissione degli assegni e il controllo, gli ingenti fondi ottenuti non vengono gravati di alcun interesse. Praticamente Hutton si sarebbe finanziata a costo zero a spese delle altre banche. L'inchiesta accerterà che le pratiche illegali sono iniziate nel 1980. Nell'estate del 1985 Fomon accetta di dichiarare davanti al giudice la colpevolezza della società, che viene condannata a pagare una decina di milioni di dollari di multa, una sanzione tutto sommato lieve. Fomon si dimette. Nel 1986 la società è in forte declino per la fuga dei clienti ma la sorte è avversa e la

aspettano altri due colpi da knock out a distanza di una settimana uno dall'altro: un'inchiesta interna rivela che la filiale di Providence si è di fatto trasformata in una centrale di riciclaggio del denaro proveniente da una famiglia di Cosa Nostra, la mafia americana; il fatto viene subito denunciato alla SEC e scattano le indagini federali, con forti ricadute sull'immagine già offuscata del gruppo.
Pochi giorni dopo, il 19 ottobre, è il fatidico "lunedì nero" delle borse mondiali e il crollo è repentino e a due cifre. A novembre arriva la resa: il gruppo EF Hutton & Co. viene rilevato da Shearson (gruppo American Express) e Lehman Brothers, e viene ribattezzato Shearson Lehman Hutton. Oltre a rappresentare uno dei primi esempi di "supernova" nel settore del trading online, nel senso di un fenomeno che esplode in modo luminoso ma che scompare altrettanto rapidamente lasciando solo polvere, la vicenda Hutton ci dà anche lo spunto per un'altra riflessione. E cioè che il trading online è sì sperimentato nelle sue prime battute da pionieri e da imprenditori innovativi, ma rappresenta in realtà, per chi lo offre, uno strumento tra gli altri per approfittare di un momento della crescita, caotica e fulminante, di un settore appena liberalizzato. Le date parlano chiaro: nel 1975 viene soppresso il monopolio commissionale detenuto dal NYSE, nel periodo 1975-1981 è boom dei discount broker (da zero a 4.000 in cinque anni). Ma questi ultimi non sono, come i broker tradizionali, orientati a una clientela di aziende e di ricchi, piuttosto, proprio per i prezzi praticati, hanno come target naturale l'americano medio, la piccola e media borghesia. Un bacino enorme da cui attingere a mani basse capitali da gestire e sui cui lucrare. Un bacino però a cui sono interessati non solo gli "intermediari a sconto" ma ovviamente anche le banche piccole, medie e grandi, che ora rischiano di vedersene sottrarre fette consistenti. La concorrenza è quindi "orizzontale" (tra discount broker) ma

anche "verticale" (tra società finanziarie e banche molto diverse tra loro per dimensioni, disponibilità finanziarie e prodotti offerti). E gli Stati Uniti, nello stereotipo diffuso in Europa, sono la terra in cui spregiudicatezza e opportunità vanno a braccetto. La concorrenza dilaga, le commissioni di negoziazione scendono vertiginosamente (come succederà in tutti i paesi in cui verrà successivamente introdotto il trading online) ma i costi di struttura restano stabili. Come fare quindi per ridurre questi ultimi ancora di più per far quadrare i conti? La soluzione sono le nuove tecnologie, i microcomputer (antenati degli attuali computer), le reti informatiche, per ora lente, poco omogenee e frammentate ma già molto diffuse, e la loro connessione alle borse. Come in altri settori, anche il trading online per la finanza in definitiva non è che un nuovo canale di contatto con nuovi clienti, che consente di abbattere i costi di struttura e di continuare a guadagnare sull'intermediazione, magari aggiungendo piano piano altri servizi come database finanziari o notizie di borsa. Senza dimenticare che quasi tutti i pionieri del trading hanno alle spalle una lunga tradizione di intermediazione e consulenza finanziaria tradizionale, fatta di clienti ricevuti in ufficio a cui vengono messi a disposizione esperti in grado di valutarne le esigenze, di gestirne il portafoglio, di consigliare prodotti d'investimento di altre società convenzionate e così via.
E questa tradizione non verrà quasi mai messa da parte, anzi continuerà in parallelo allo sviluppo dei servizi tecnologici. Soltanto con la seconda generazione di broker telematici, sorti a partire dagli Anni '90 sulla base delle esperienze precedenti, si vedranno comparire i primi intermediari totalmente online, senza sportelli né consulenti o promotori. Saranno questi a potersi quindi fregiare pienamente del "titolo" di broker online. Va inoltre sottolineato il fatto che la nascita del trading online è slegata, se non in diretta

contrapposizione, dall'home banking; la gestione del conto corrente e dei servizi bancari è infatti offerta da società diverse a clientela diversa rispetto al trading online e soltanto dopo molti anni le banche inizieranno a integrare la negoziazione telematica di titoli finanziari nell'home banking. Una tendenza che è iniziata da poco e che sta dando risultati molto diversi e contraddittori tra loro.
Segno che la finanza online, business giovane, a livello globale non ha ancora trovato un suo vero equilibrio. Se però dal lato dell'offerta non vi è null'altro che la necessità (o la voglia) di spremere dalla nuova situazione concorrenziale tutto il possibile, va detto che da questo marasma di novità tecnologico-finanziarie anche i clienti avranno molto da guadagnare, e non solo in termini di costi: velocità d'accesso, autonomia decisionale, indipendenza nella gestione del proprio patrimonio sono plus irrinunciabili per una larga fetta di investitori, che pure resteranno una nicchia fino ai giorni nostri. Con la diffusione della finanza telematizzata a livello di borse e di intermediari finanziari anche la SEC deve intervenire per regolamentare il settore: il 9 ottobre 1984 emana la "Notice of Commission views on computer brokerage system" numero 34-21383, che, quando ancora Internet non è accessibile al largo pubblico e il Web non sarebbe nato prima di dieci anni, pone le basi per una regolamentazione ad hoc degli intermediari telematici, a cominciare dall'obbligo di autorizzazione e da un registro specifico per essi separato dai "broker dealer" tradizionali.
Si tratta, notano le fonti legali dell'epoca, «apparentemente della prima citazione della SEC di sistemi di intermediazione via computer», che più che dettare norme di comportamento precise si premura di sottolineare che non viola nessuna norma chi abbina sistemi di trading online a sistemi automatici di invio di segnali di borsa, raccomandazioni di acquisto o vendita, o consulenza di negoziazione

sotto qualsiasi forma, anche come "raccomandazioni urgenti". Come si può facilmente intuire, è questo di un tema molto sentito in quegli anni, soprattutto perché, come detto, i discount broker si rivolgevano per lo più a clienti generalmente poco esperti e quindi, a detti degli avversari del trading automatizzato, potenzialmente in grado di essere manipolati con facilità.

Il "lunedì nero" del 1987
Il trading online si ferma

La nascente industria finanziaria telematica subisce però un duro colpo il 19 ottobre 1987 con il "lunedì nero": i mercati mondiali crollano del 20%, 30%, 40% e anche 60% (quello della Nuova Zelanda, per la quale si parla però di "martedì nero" per via del fuso orario) in un'unica seduta. La colpa viene addossata ai cosiddetti "program trading", una tipologia di negoziazione di gruppi di titoli che, legata all'accresciuta capacità dei sistemi informatici di trattare un alto numero di ordini in tempi brevissimi, avrebbe favorito vendite massicce e incontrollate. Una parte importante di responsabilità viene infatti imputata ai sistemi di negoziazione automatica adottati da banche e fondi d'investimento, programmati per vendere in caso di superamento al ribasso di determinate soglie dei prezzi dei titoli o dei valori degli indici. Non tutti però condividono la tesi dei program trading, preferendo mettere sotto accusa una bolla speculativa, la scarsa liquidità del mercato o facendo riferimento alla psicologia dei mercati. La Commissione Brady, incaricata dal Parlamento statunitense

di indagare sulla cause dell'evento, concluse che il crollo aveva avuto origine da complesse strategie di credito dei grandi investitori istituzionali conosciute come index arbitrage e portfolio insurance.
Le vendite iniziano massicce sulla borsa di Hong Kong, che vede il suo indice crollare del 45,5% dopo una settimana molto negativa del NYSE, e si propagano rapidamente all'Europa e agli Stati Uniti, aree in cui i listini non hanno ancora introdotto meccanismi di sospensione delle contrattazioni in caso di eccesso di ribasso, cosa che peraltro avverrà proprio in seguito agli eventi del "lunedì nero". L'indice Dow Jones lascerà sul terreno 508 punti, pari a quasi il 23% del proprio valore. L'indice della Borsa di Milano invece resisterà molto meglio di altri: il calo è contenuto in un -10,84%, ma ad esso seguirà un "martedì anche più nero" a -12,22%. Secondo uno studio della Amen & Associates (e mai nome di società fu più adatto ad una simile occasione), rispetto ai dati del gennaio 1987, 786 tra i più grandi gestori di fondi degli Stati Uniti hanno perso in media il 40% dei capitali in gestione, pari a circa 500 miliardi di dollari. La situazione è drammatica per molti risparmiatori, aggravata dal fatto che nel momento del crollo e del panico in pochi sono riusciti a contattare i loro broker, presi d'assalto attraverso ogni canale disponibile, pc, telefono, ufficio, fax, per chiudere gli ordini e liberarsi dei titoli che scendono a precipizio.
Secondo Joseph Meth di DailyMarkets.com, «Alcuni investitori persero milioni di dollari istantaneamente, mentre altri individui instabili anch'essi travolti dal crollo si recarono negli uffici del loro intermediario e iniziarono a sparare; molti broker furono uccisi, malgrado il fatto che non avessero alcun controllo su quanto accadeva sul mercato». Un altro effetto del "lunedì nero" è il boom delle scalate ostili. Crollando i prezzi, infatti, molte società prima

inaccessibili diventano appetibili anche per chi non dispone di fortune immense; per questo le grandi corporation si gettano da subito all'acquisto delle proprie azioni con lo scopo di prevenire azioni di questo tipo, mentre chi non ha più soldi per reagire, subisce.

Un po' come gli sciacalli che si aggirano tra i cadaveri di una battaglia, società europee, giapponesi e australiane tra la fine del 1987 e l'inizio del 1988 fanno shopping a mani basse, spendendo 15,5 miliardi di dollari in take over non amichevoli, mentre nei primi tre mesi del 1988, secondo la rivista Merge&Acquisition, complessivamente l'esborso per l'acquisizione di aziende USA a prezzi di saldo è di almeno 80 miliardi di dollari, che a fine 1988 saranno diventati almeno 180 miliardi.

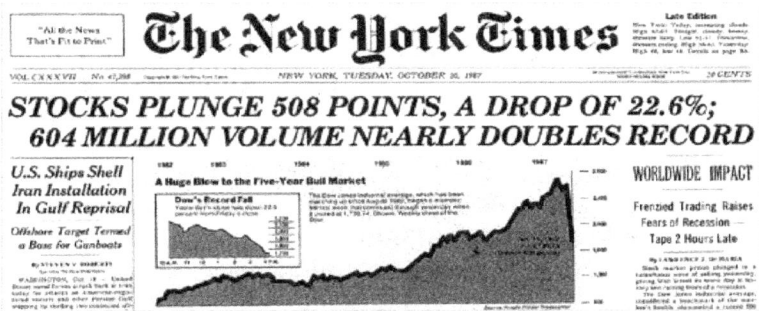

Figura 16 - Il crollo dei mercati del "lunedì nero" (19 ottobre 1987) sulla prima pagina del "New York Times"

Qualche settimana dopo, al termine di un convegno, una trentina di analisti ed economisti di tutto il mondo predirà catastrofi senza fine proprio a partire dal "lunedì nero" e memore della crisi del '29. Verrà però rapidamente smentito dagli eventi: dopo il 19 ottobre, infatti, i mercati inizieranno inesorabilmente a recuperare il terreno perduto. Prima di tornare alla normalità, invece, il settore dei broker online e la finanza in generale impiegherà alcuni anni. L'evento è un vero e proprio sciacquone, che spazza via centinaia di società finanziarie (300 solo negli Stati Uniti, su 12.000 attive), ne mette in crisi migliaia e trasforma completamente il volto di altre: non solo infatti i clienti, per paura o per aver perso tutto, smettono di fare trading sia in modo tradizionale che telematico rallentando fortemente il flusso di commissioni che generano, ma anche i portafogli titoli delle stesse società finanziarie si volatilizzano. Per esempio, la già citata Hutton in un solo giorno perde 78 milioni di dollari e Charles Schwab 22 milioni, con il numero di eseguiti di quest'ultimo passati nelle settimane successive da 16.000 al giorno a meno di 10.000 e con i ricavi da commissioni crollati del 40%, chiudendo i nove mesi dell'anno con utili scesi dell'80% rispetto allo stesso periodo dell'anno precedente (6,7 milioni contro i 33 milioni).

«Il volume degli scambi si contrae si legge sulla pagina del sito Web di E*Trade relativa a quegli eventi e i servizi di trading online, Trade*Plus incluso, appassiscono». Per i successivi tre anni il trading online verrà messo in naftalina e di nuove iniziative non se ne sentirà quasi parlare. A peggiorare la situazione è infine l'ondata di scandali e di arresti che si abbatte su un gran numero di società finanziarie e di società quotate statunitensi, una tempesta che alla fine degli Anni '80 concretizza le indagini della SEC e dell'FBI in clamorosi arresti di dirigenti, perquisizioni, processi e multe salatissime per insider trading, manipolazione dei prezzi e truffe ai danni degli investitori.

Tra i nomi più noti coinvolti negli scandali di quegli anni, Dennis Levine, Ivan Boesky e Michael Milken, esperto in fusioni e acquisizioni il primo, trader il secondo, influente esperto di junk bond il terzo. Le indagini su di loro (dal 1986

portate avanti tra gli altri anche dal futuro sindaco di New York Rudolph Giuliani) scoperchiano una vasta rete di collusioni e complicità negli ambienti finanziari che sfociano in decine di processi e condanne: tre anni di prigione e 100 milioni di multa a Boesky, quattro anni e 362.000 dollari a Levine, risarcimenti per 1,1 miliardi di dollari e condanna a dieci anni (poi ridotta a due) per Milken.
Gli scandali della fine degli Anni '80 contribuiscono a danneggiare fortemente l'immagine della finanza presso il pubblico dei risparmiatori e degli investitori, che da allora identifica il settore come un mare popolato di squali in attesa di pesciolini indifesi. Unico faro nella notte sarà PC Financial Networks (o PC Financial o PCFN), servizio di trading online per privati nato nel 1988 da una collaborazione tra il gruppo finanziario Donaldson Lufkin & Jenrette (DLJ) e la clearing house Pershing & Co., in breve anch'essa acquisita da DLJ. Se però qualcuno non sapesse se considerare PCFN l'ultima novità della prima fase o la prima della nuova era, possiamo subito togliere ogni dubbio: cronologicamente è ovviamente un broker online post-"lunedì nero", ma in realtà nasce da un progetto avviato negli anni precedenti ed è figlio dell'euforia pre-crollo. L'unica differenza è che, arrivato sul mercato pochi mesi dopo il "lunedì nero", riuscirà per lo meno a sopravvivere invece di precipitare nel baratro della crisi. Almeno fino a quello che per gli USA rappresenta il periodo del vero boom del trading online, ossia il biennio 1996-97. Nei primi anni di vita PCFN registra infatti una crescita molto limitata, sia a causa del difficile momento economico-finanziario generale, sia per alcune scelte iniziali di marketing che si rivelano poco felici. Fino al 1996 gli utenti non superano le 10.000 unità, con una crescita media di soli 1.250 clienti all'anno, e soltanto a partire da questa data,

grazie all'accordo con il servizio online Prodigy, il business online della società prenderà il volo. Negli Anni '90 PCFN diventerà infatti uno dei rivali commerciali più accaniti di E*Trade. DLJ dominerà su Prodigy mentre E*Trade detterà legge su CompuServe e i due grandi rivali si divideranno poi gli utenti di America On Line praticamente in parti uguali. L'avvento del Web cambierà però le regole del gioco.
Fondato nel 1959 da William Donaldson e Dan Lufkin, il gruppo DLJ verrà acquisito da Credit Suisse nel 2001. PCFN nel 1997 cambierà nome e diventerà DLJ Direct, per diventare dal 2001 CSFBDirect; ceduto dal gruppo svizzero a Bank of Montreal nel 2002, è stato infine rilevato da E*Trade nel 2006. Dopo dieci anni di battaglie commerciali e cinque di declino dovuto alla situazione del gruppo controllante (ma anche al contestuale declino di Prodigy schiacciato dalla concorrenza) il gruppo fondato da Porter trionfa quindi sul campo contro l'acerrimo nemico. E PCFN sarà solo una delle numerose "vittime" dello schiacciasassi E*Trade, che nel corso della sua storia assorbirà numerosi broker online minori, tra cui Web Street Securities, Harrisdirect e Brown&Co. Negli Anni '90 le commissioni praticate da PCFN sono di 40 dollari per eseguito per ordini di oltre 2.500 dollari e di 100 dollari più lo 0,1% per ordini a partire dai 40.000 dollari di controvalore.

CAPITOLO 3

Gli Anni '90 e la seconda generazione di broker online

Il periodo che va dal 1990 al 1994 rappresenta per gli USA una fase di rilancio, sia per l'economia, la borsa e la finanza in generale, sia per il trading online. E alla fine di questa fase troveremo la nascita del World Wide Web, i primi dirompenti servizi di trading europei (che non hanno vissuto la fase pionieristica degli Anni '80) e, sul mercato statunitense, 12 broker online tra cui i grandi player USA che prima della recente crisi dei subprime sembravano i granitici dominatori del decennio.
La ripresa dà poi una mano allo sviluppo dei servizi e della tecnologia, stimolando nuove imprese e nuove idee, ma soprattutto riducendo drasticamente i costi degli strumenti tecnologici necessari per il trading (pc, reti, software) e

diffondendone altri capillarmente (modem), creando così i presupposti per i successivi fenomeni di massa legati alle reti sociali e alla condivisione di risorse digitali.
In quei primi giorni di rinascita è E*Trade a rappresentare il broker online puro e di successo per eccellenza, mentre gli altri seguiranno le sue tracce non senza fatica e non senza cambiare modello di business nel corso degli anni seguenti. Sarà infatti usuale vedere broker che, a fronte di scarsi successi nel trading, affiancheranno servizi online d'investimento e di gestione del risparmio e si trasformeranno in banca per offrire conti correnti, carte di credito, prestiti, mutui e quant'altro, spesso aprendo filiali fisiche e integrando reti di promotori sempre più numerose.
Modelli che combinano le componenti citate in modi e tempi differenti, alla ricerca di un equilibrio tra redditività e qualità del servizio, tra la necessità d'ingenti investimenti in strutture informatiche e commissioni da ricavi sempre più ridotte a causa delle scarse barriere d'ingresso e della concorrenza sempre più agguerrita. Modelli che dall'iniziale dualismo tra intermediari specializzati (broker online focalizzati sul trading online) e intermediari "tutto-in-uno" (questi ultimi per lo più banche che integrano un servizio di trading online con il resto della loro più o meno ricca offerta di prodotti bancari tradizionali) si evolveranno in diverse direzioni.

1990-1994
I broker della ripresa

Tornando agli anni della ripresa, proseguono nella loro crescita alcuni servizi online già attivi, come quelli di Charles Schwab (direttamente o attraverso il servizio online

Genie) e di Fidelity (anch'essa diretta o attraverso Dow Jones News/Retrieval), che nel luglio 1993 offrono per esempio uno sconto del 10% sulle commissioni di intermediazione a chi fa trading via computer o via telefono a toni. Schwab, inoltre, nel 1993 rimpiazza l'ormai superato sistema The Equalizer con StreetSmart. Su CompuServe prosegue l'attività di Quick & Reilly, su Prodigy la presenza di PCFN è ancora una costante. Schwab, Fidelity e Quick & Reilly vengono definite dalla stampa dell'epoca "the big three": sono infatti i broker più grandi del mercato, full-service broker e non discount broker, ovviamente considerando anche le preponderanti attività tradizionali svolte in filiale e non online.

"Kiplinger's Magazine" del luglio 1994 enumera otto broker online USA: Charles Schwab con il servizio StreetSmart, Fidelity Investment con Fidelity On-line Xpress (FOX), Accutrade (questi primi tre indicati come broker a connessione diretta, cioè senza la necessità di utilizzare i servizi online per fare trading con loro), DLJ con PCFN, E*Trade, Quick & Reilly con QuickWay online Brokerage Services, Max Ule con Tickerscreen e Trade*Plus. E di questi, solo E*Trade è un intermediario online puro, cioè senza filiali fisiche. Secondo una ricerca realizzata nel 2001 dall'American Association of Individual Investors (AAII), nel 1991 sarebbero attivi negli USA solo 6 broker online, tutti ovviamente in connessione diretta e su reti non-Internet; tre anni dopo, nel 1994, sono 7 e nel 1995 diventano 12, di cui uno (Wall Street Investor Services o forse K. Aufhauser & Co.) primo in assoluto ad essere sbarcato sul Web. Con qualche differenza temporale tra i dati di Kiplinger's e quelli dell'AAII (uno scostamento di qualche mese a cavallo tra il 1994 e il 1995 dovuto a una differente visione del punto di partenza delle società, ovvero la data di fondazione piuttosto che la data del lancio effettivo del servizio di trading) i numeri confermano che nel settore, di nicchia come sarà sempre, qualcosa sta succedendo. In questi anni, quindi, il numero di intermediari online resta ancora limitato a pochissimi sperimentatori, tanto da far addirittura scrivere in numerosi testi statunitensi dell'epoca che nel 1994 non vi era negli USA alcun conto per l'intermediazione online e che invece «nel 1999 ve ne erano 5 milioni attivi». Un'affermazione non vera, la prima, e riduttiva la seconda, visto che se Tom Tisch, vicepresidente di Trade*Plus, stima nel luglio del 1994 che vi siano almeno 100.000 investitori statunitensi che negoziano titoli finanziari via pc (senza contare che il trading è già un servizio offerto negli Stati Uniti da oltre dieci anni) e se Forrester Research stima per il 1999 circa 8,4 milioni di conti di trading online solo negli USA; numero, tra l'altro, che rende l'idea dell'esplosione del trading online che avverrà di lì a pochi anni.

Un'esplosione che, vista l'esperienza pre-"lunedì nero", nessuno si aspetta, stimando invece una crescita significativa, lenta e costante ma non strabiliante.

Nessuno infatti s'immagina che di lì a breve, presso il grande laboratorio del Consiglio Europeo delle Ricerche Nucleari (CERN), nel cuore del continente europeo a pochi chilometri da Ginevra, oltre che alla ricostruzione teorica dell'universo fisico si lavora alla costruzione di un nuovo universo virtuale: il World Wide Web. Tanto meno nessuno può immaginare che la creazione del britannico Tim Berners-Lee e del belga Robert Cailliau darà un impulso formidabile anche al trading online.

L'esperienza statunitense ha comunque già prodotto i suoi primi effetti anche al di là dell'Atlantico, sia a livello di mercati e di strumenti finanziari evoluti sia di tecnologie di rete. La citate esperienze europee del Videotex e di SWIFT, per non fare che due esempi tra tanti, sono solo la spia dell'inizio di un fenomeno che non si è ancora arrestato e che riserva sorprese ad ogni passo. Lo sviluppo delle reti e dell'elaborazione digitale dei dati è inarrestabile anche nel Vecchio Continente e pervade progressivamente tutti i settori, civili e militari, seppur con risorse più limitate di quelle statunitensi, con legislazioni e politiche industriali decisamente meno favorevoli allo sviluppo di imprese innovative e con un forte dirigismo da parte dei governi e degli enti pubblici. Per quello che ci riguarda, però, la negoziazione telematica di titoli compare in Europa soltanto nel 1994, cioè 12 anni dopo il lancio di Tickerscreen da parte di Max Ule & Co., anch'essa sotto l'impulso della ripresa dei mercati finanziari. Ed è per questo che, salvo un rapido accenno agli sviluppi successivi sulla sponda occidentale dell'Atlantico, nei prossimi volumi abbandoneremo la storia del trading nordamericano per concentrarci su quella europea e quindi su quella italiana. La crescita del trading online è favorita anche dalla diminuzione delle commissioni richieste ai clienti. Basta dare un'occhiata alla commissione media per eseguito: dalla liberalizzazione dei discount broker nel 1975 al 1994 si mantiene attorno ai 45 dollari (gli intermediari tradizionali applicano tariffe anche dieci volte superiori), mentre nei successivi tre anni scenderà di 10 dollari (-22% circa), per poi riprendere a scendere ancora nel corso del 1997 fino a 20 dollari (-55%), livello al quale rimarrà poi per gli anni seguenti. Non a caso il 1997 è considerato l'anno del boom del trading online negli USA, quindi anche l'anno dell'avvio della concorrenza spietata favorita dal WWW. Ciò che caratterizza però questi anni di passaggio dalla crisi finanziaria al Web è soprattutto la nascita di alcune società focalizzate sul trading online che in brevissimo tempo si porranno come ponti verso la nuova era tecnologica, quella appunto del World Wide Web e della "rete unica mondiale". Si tratta infatti di realtà che non

nascono con piattaforme sviluppate espressamente per il Web e per il suo mirabolante "linguaggio ipertestuale", ma che nel giro di pochi mesi saranno in grado di cogliere prima di tutti la nuova onda tecnologica e buttarcisi a capofitto. E visto che sono nomi ormai quasi del tutto spariti dalla memoria, molti potrebbero chiedersi che fine avranno fatto questi pionieri. La risposta è semplice: sono stati tutti comprati dai grandi player nati e cresciuti prima del "lunedì nero" e sopravvissuti al grande sciacquone, che ne faranno l'ossatura del proprio business online successivo.
Protagonisti di questa seconda ondata pionieristica sono Wall Street Investor Services (nata nel 1993 e diventata nel 1996 Wall Street Access, nel 2004 ha ceduto le attività online verso retail a E*Trade) e K. Aufhauser & Co. (1994, assorbita nel 1995 da Ameritrade), a cui vanno aggiunti National Discount Brokers (gennaio 1994, ottobre 2000 a Deutsche Bank), Jack White & Co. (1973, acquisita da Ameritrade nel marzo del 1997) e Net Investors (divisione di Howe-Barnes fondata nel 1994; l'intero gruppo è stato acquisito da Raymond James nel 2011); questi ultimi tre si avvalgono tutti però, almeno per i primi anni, del servizio PAWWS realizzato da Securities APL. A questi si può poi aggiungere Waterhouse Securities (più tardi Waterhouse National Bank), che nel 1992 avvia il servizio di trading via touch-phone sulla costa occidentale statunitense e che nello stesso anno inizia a sviluppare un servizio di trading online vero e proprio che però vedrà la luce soltanto quattro anni dopo.
Questa seconda generazione di broker online, tuttavia, pur rappresentando un fenomeno "ponte" tra passato e futuro, si lega maggiormente a quella che sarà la terza nidiata, ovvero a quelli che potremmo definire a pieno titolo la "generazione Web". Sottolineando però con attenzione la differenza, ricordata in precedenza, tra Internet e il Web, di cui

quest'ultimo è solo una parte del primo caratterizzata da grafica e ipertestualità, quindi da una grande facilità di comprensione anche per gli utenti meno esperti.

Caratteristiche che renderanno il Web commercialmente molto sfruttabile. Sono quindi, questi intermediari, i pionieri di un passaggio generazionale che segnerà il futuro del trading online: di essi tratteremo nel prossimo capitolo.

Diamo però prima un'occhiata a quella che è stata la vera svolta di questi anni, destinata a cambiare il volto del mercato attraverso un nuovo modello di attività.

Nel 1991 il fondatore di Trade*Plus William Porter, grazie a un finanziamento della società di cui è socio di alcune centinaia di migliaia di dollari, fonda E*Trade Securities, che dal 1992 offre un servizio di trading online attraverso le reti di America On Line e CompuServe; una fortuna, visto che questi due grandi servizi online domineranno per anni il mercato e che nel 1994 avranno insieme circa 8 milioni di utenti, tecnologici, benestanti e interessati alle novità. Il target perfetto per i servizi di trading online.

Rispetto a Trade*Plus che veniva venduto "chiavi in mano" ad altre società il modello di attività è quello di un vero e proprio discount broker, cioè intermediario a sconto, che offre il proprio servizio direttamente ai clienti privati, con commissione fissa (flat, cioè "piatta" e non mensile o a consumo) a forte sconto rispetto a quelle praticate sul mercato e con dati di borsa gratuiti. Anche stavolta Porter cavalca il cavallo giusto. Anche se, afferma, «quella dell'intermediario finanziario non è una professione che vorresti veder fare a tuo figlio». Ci vuole determinazione e stomaco forte, che a lui evidentemente non mancano.

Dal 1992 i mercati decollano, la tecnologia si diffonde ed E*Trade, trasformatosi in banca, per i quindici anni successivi resta uno dei big del settore statunitense e mondiale. Con il boom della borsa, gli statunitensi tornano

ad investire in titoli quotati e nel 1995 circa il 20% della popolazione USA possiede azioni, quando 10 anni prima era solo il 5%. Nel 1992 la società chiude il bilancio con un fatturato di 850.000 dollari, che a fine '94 saranno diventati 11 milioni con
355.455 conti aperti e oltre 22 milioni nel '95, con 2,6 milioni di utili grazie a commissioni per eseguito di "soli" 40 dollari, ma anche a un servizio informativo online 24 ore al giorno e di alta qualità. Il gruppo si riorganizza e quella che prima era solo una scommessa del fondatore diventa il business principale e il motore della crescita: i 44 dipendenti del 1994 diventano 200 nel 1995 e continueranno a crescere. Nell'agosto del 1996 E*Trade si quota in borsa e i due storici fondatori si ritirano: Newcomb dà vita a una fondazione no profit, Porter lascia il posto a un altro storico dirigente di E*Trade, Christos Cotsakos. I punti di forza di E*Trade sono ben delineati nel report realizzato nel novembre del 1999 da due ricercatori del Center for Research on Information Technology and Organizations dell'Università della California intitolato "On-line brokerages: E*Trade vs. Charles Schwab", che appunto mette a confronto in modo molto dettagliato i due modelli di business, che diventeranno nel giro di poco grandi rivali. La differenza sostanziale è che Schwab nasce come intermediario tradizionale, poi diventa discount broker con una forte impronta tecnologica inizialmente rivolta verso i processi interni, in seguito rivolgendola verso i clienti, tutto questo mantenendo però le sue filiali fisiche, che nel
1999 saranno 295 in tutti gli Stati Uniti. Un modello ibrido tradizionale-online, insomma, in grado di garantirne la profittabilità anche in tempi di crisi.
Viceversa, E*Trade nasce dopo l'esperienza di Trade*Plus e come broker online puro, cioè offrendo i soli canali d'accesso dei servizi online e della connessione diretta,

prima, e di Internet poi, oltre ovviamente all'onnipresente telefono a toni dispositivo anche con riconoscimento vocale. E*Trade offre, oltre alla negoziazione online vera e propria, la possibilità di monitorare il proprio portafoglio d'investimenti, applicativi per l'elaborazione di grafici e dei dati di borsa, commenti e analisi di mercato in tempo reale, notizie e informazioni sulle società quotate (in particolare attraverso il CNN Financial Network, la banca dati EDGAR che raccoglie tutti i documenti obbligatori delle società quotate e l'accesso alla documentazione della SEC relative ai collocamenti), il tutto 24 ore su 24 per sette giorni alla settimana.

Gli strumenti offerti sono azioni, opzioni e fondi comuni (una categoria, quest'ultima, già da tempo molto diffusa sui servizi telematizzati), mentre l'unico mercato disponibile è il NASDAQ, a cui è affiancata una lista di altre azioni e di opzioni su indici e fondi negoziabili su un circuito interno di E*Trade stessa.

Sulla piattaforma di trading sono poi disponibili numerosi tipo di ordini, tra cui a mercato, con limite (valido fino a cancellazione o fino alla fine della seduta) e stop, ed è possibile operare al ribasso (short), le notifiche delle operazioni vengono inviate sulla piattaforma (molti broker inviano ancora notifiche via e-mail o via posta ordinaria) e i clienti ricevono poi a casa i dettagli della loro attività sotto forma di lettera cartacea.

Numerose sono le indicazioni sull'andamento del mercato, come titoli migliori e peggiori o titoli più attivi della giornata, ed è possibile impostare allarmi su livelli di prezzo o di volatilità di singole azioni. E*Trade offre poi un sistema automatizzato per l'analisi e la gestione del proprio portafoglio in grado di calcolare in tempo reale profitti e perdite a prezzi correnti in grado di tenere conto di eventuali operazioni speciali come lo stacco dei dividendi. Negli anni successivi anche E*Trade punterà sul Web, mantenendo però per molto tempo gli accordi con America On Line, Prodigy, CompuServe, AT&T WorldNet e Microsoft Network, e stringendo accordi con Yahoo, Banc One, Reuters News, Morningstar e molte altre aziende fornitrici di servizi e contenuti finanziari.

Il modello appare innovativo e molto aggressivo, tanto di far diventare la società una delle prime nel settore in pochissimo tempo. Tuttavia rispetto a competitor di ben altro spessore e con approccio forse meno rapido nell'integrazione dei canali tecnologici ma più elastico e "ibrido" come Charles Schwab, è quest'ultimo, come vedremo, che darà i migliori risultati in termini di crescita economico-finanziaria e di solidità.

L'esempio di E*Trade serve però a dare uno scossone al mercato: il flusso costante di sviluppo tecnologico non consente di restare fermi a godersi le posizioni conquistate, perché basta poco per scendere in campo con nuove iniziative e portare via alla concorrenza decine di migliaia di clienti con nuove soluzioni, una buona organizzazione e soprattutto un'offerta online sofisticata e completa di prodotti, servizi, didattica, assistenza e commissioni in costante calo. D'ora in poi chi vorrà cimentarsi con successo nell'arena del trading online dovrà avere ingenti capitali alle spalle, idee chiare e un forte orientamento alla costante implementazione di tecnologia e soluzioni innovative.

La fase pionieristica si chiude qui. E non è un caso che proprio nello stesso periodo, a partire dal 1994, anche in Europa compaiano i primi broker online specializzati. L'aria che si respira nel mondo finanziario del dopo-"lunedì nero", insomma, è cambiata. L'economia e la finanza hanno ripreso a tirare e l'imminenza di grandi novità è nell'aria. Non è un caso che il 15 giugno del 1993 dodici grandi intermediari finanziari statunitensi annuncino la creazione di un nuovo circuito per il trading telematico, Intermarket Trading Network (ITN), una sorta di borsa elettronica privata pensata per connettere tra loro borse, broker, gestori, fondi pensione e d'investimento e altri investitori istituzionali in modo rapido, efficiente ed economico. Promotori dell'iniziativa, basata sulla piattaforma di Merrin Financial, sono Merrill Lynch, Salomon Brothers, Morgan Stanley, PaineWebber Incorporated, Execution Services, Investment Technology Group, Troster Singer, Capital Institutional Services, Arizona Stock Exchange (AZX) e Robinson-Humphrey (gruppo Primerica/Smith Barney/Shearson), ma anche due nomi a noi già noti: Herzog, Heine & Geduld (quella di Max Ule & Co.) e Fidelity Investments.

Il World Wide Web

Lo stesso anno della fondazione di Trade*Plus, il 1991, il Consiglio Europeo per la Ricerca Nucleare (CERN) di Ginevra annuncia l'esistenza del World Wide Web (cioè "rete mondiale", più semplicemente "WWW" o "Web"). Il progetto del CERN nasce del 1989 col nome di "Enquire" ed è inizialmente sviluppato per uso interno. Portato avanti dall'inglese Tim Barners-Lee (considerato il padre del Web) e dal belga Robert Cailliau, dal primo minuto di esistenza il Web è caratterizzato da una forte impronta transnazionale: il CERN, infatti, è costituito da una vasta area poco distante da Ginevra occupata da decine di edifici costruiti proprio sul confine tra la Svizzera e la Francia. E i due edifici tra cui viene realizzato il primo contatto tra un server WWW e un browser, il building 31 (in cui il Web è stato sviluppato) e il building 2, sono uno in territorio francese e uno in territorio elvetico, seppur separati da poche decine di metri.

Ma perché il WWW rappresenta il primo passo di una rivoluzione? Si tratta di un sistema di ipertesti con tanto di linguaggio di programmazione (HTML) e di protocollo di trasmissione (HTTP) ad hoc; gli ipertesti sono testi sui quali possono essere messe in evidenza parti specifiche attraverso collegamenti (link) che una volta selezionati ("cliccati") consentono di accedere ad ulteriori documenti. Ciò consente di creare documenti (situati su server e cioè accessibili da più utenti contemporaneamente) composti da un numero molto alto di pagine, da ognuna delle quali è possibile passare ad altre in modo non sequenziale, tornando indietro e cambiando percorso di lettura a seconda delle necessità. Un'intuizione che in breve tempo darà vita ad un mondo virtuale fatto di documenti interattivi, di siti da "navigare" (qui si può vedere il primo sito Web mai realizzato: http://www.w3.org/Historp/19921103hppertett/hppertett/WWW/heProject.html) e di pagine da leggere e sfogliare con quello che sarà il primo "browser" (navigatore) grafico, Mosaic. Quest'ultimo, nato nel 1993 e sulla cui base sono stati sviluppati quasi tutti i browser attualmente in circolazione, è stato realizzato da Marc Andreessen del National Center for Supercomputing Applications (NCSA) presso l'Università dell'Illinois grazie ai fondi raccolti su iniziativa dell'allora senatore USA Al Gore. Nel 1994 Andreessen si metterà in proprio per sviluppare commercialmente il progetto Mosaic e chiamerà la società Netscape.

Figura 17 - La targa presso il CERN di Ginevra che ricorda la nascita del World Wide Web

A partire dal 1993, per decisione del CERN il WWW diventerà aperto e gratuito, e si diffonderà con tale rapidità che oggi la maggior parte degli utenti considera i termini WWW e Internet equivalenti.
Basti pensare che nel 1991 esistono cinque siti, nel 1992 non più di una decina e nel 1993 poco più di 600. Ma già alla fine del 1994, vero anno del boom del WWW, sono oltre 10.000, ed è a partire da questa data che sorgono i primi siti Web commerciali, alcuni dei quali avranno un grande successo. Tra questi quello del primo sito di e-commerce con un sistema di pagamento elettronico, First Virtual, i motori di ricerca Lpcos e Yahoo!, il sito della rivista "Wired" e quello di Pizza Hut, oltre all'home page del presidente degli Stati Uniti su Whitehouse.gov.

La stima più attendibile del numero attuale di siti Web, a più di vent'anni dalla nascita del WWW, è di circa 580 milioni, che rispetto ai 230-250 milioni del 2009 indicano che negli ultimi tre anni si sarebbe verificato un incremento di ben oltre il 100%; un dato che va quindi integrato con la considerazione che circa il 70% dei siti non è attivo o non è completo, senza contare che sempre in questi ultimi anni è esplosa la moda dei blog. Qualunque sia il numero esatto, si tratta di grandezze misurabili in centinaia di milioni. Ciò che conta per noi è che il 1994 è l'anno della svolta: per gli intermediari finanziari che si rivolgono ai privati online non significa più investire al buio dovendo scegliere tra un pulviscolo di protocolli, reti, servizi online, software e hardware basati su tanti standard diversi e per questo incapaci di sviluppare una sufficiente massa critica di utenti. Adesso un canale di accesso a Internet prende il sopravvento sugli altri grazie a un insieme di intelligenti soluzioni tecniche ma anche alla (relativa) facilità d'uso dei software che gli utenti devono impiegare, che a loro volta costringono le offerte commerciali a restare semplici e graficamente accattivanti. Insomma, un canale commerciale di nicchia si avvia rapidamente a diventare di massa e tutti i settori economici ci si buttano a capofitto.

1995-1996
I primi broker online moderni

Nel caso del trading online i pionieri della terza generazione li abbiamo già citati: Wall Street Investor Services, K. Aufhauser & Co. e Securities APL (su quest'ultima si

basano National Discount Brokers, Jack White & Co. e Net Investors). Non va però dimenticato che il 1994 è anche l'anno in cui nascono i primi broker online italiani ed europei, sui quali torneremo però in dettaglio nel secondo volume.
In ordine di tempo sembrerebbe che il primo broker online via Internet sia Wall Street Access (WSA), fondato nel 1981 da Denis P. Kelleher. Giunto negli USA dall'Irlanda nel 1958, Kelleher inizia la sua carriera come fattorino presso Merrill Lynch; nel 1976 fonda un primo broker e nel 1981 la società che tuttora guida, sotto forma però di clearing house, trasformandola progressivamente in intermediario a tutto tondo. Tra gli incarichi prestigiosi che Kelleher colleziona nel corso dei decenni troviamo la presidenza della St. John's University e del Metropolitan Museum of Art, e la direzione dalla Staten Island Foundation.
Quest'ultimo incarico deriva dal fatto di essere molto attivo nel sostegno degli immigrati provenienti dal suo Paese d'origine, con il quale mantiene un legame molto stretto, tanto da divenire anche consigliere economico del primo ministro irlandese. Il servizio di trading online per utenti privati, WSA online, viene avviato nel 1993, ma soltanto tra il 1994 e il 1995 sbarcherà sul WWW basandosi sulle soluzioni software di Microsoft (ricordiamo che il sistema operativo di Microsoft è nato nel 1985 e che nel 1993 è stato lanciato Windows NT). Si ritaglia un piccolo spazio nella storia per aver lanciato, primo in assoluto, un sistema online per la gestione di strategie complesse con le opzioni. La società, tuttora attiva, nel 2004 ha ceduto WSA online a E*Trade. Nel marzo del 1995, poi, il "Los Angeles Times" consacra Wall Street Access come "the first on-line trading system over World Wide Web". Il servizio offre la negoziazione in azioni e opzioni con quotazioni in tempo reale attraverso una piattaforma Web (cioè non su un client

specifico ma collegandosi al sito), nella quale in seguito verranno integrati anche fondi comuni e obbligazioni. Nel giro di qualche anno la commissione per eseguito sulle azioni scenderà a circa 20 dollari, 50 per i fondi e 1,35 dollari con un minimo di 19,50 per i contratti sulle opzioni. Il margine richiesto è di 2,652% e possono aprire conti con WSA anche residenti all'estero. Inizialmente il broker offre un applicativo per la gestione del proprio portafoglio titoli, Stock Trader, per 59,95 dollari e ne venderà circa 30.000 copie. Successivamente lo metterà gratuitamente a disposizione degli utenti come leva per attrarre nuovi clienti. WSA online è considerato un servizio per heavy trader.

Nel 1994 il momento per rilanciare la gestione degli ordini di borsa via Internet per clienti privati appare finalmente maturo anche a Keith R. Aufhauser, statunitense discendente da una famiglia di banchieri di Monaco di Baviera, che trasforma il broker newyorkese da lui fondato nel 1981 (la K. Aufhauser & Co.) in quello che contende a Wall Street Access la palma di primo intermediario via Internet per trader privati della storia.

Dapprima però si appoggia a servizi online non-Web che, a differenza per esempio di CompuServe usato da Trade*Plus, consentono la fatturazione forfettaria e non a ore dei costi di connessione; ciò permette quindi di svolgere la propria attività sempre online senza essere costretti a lavorare off line per connettersi solo al momento dell'invio dell'ordine pena il pagamento di costi esorbitanti. Questo approccio dura però solo pochi mesi, visto che già verso la fine del 1994 Aufhauser lancia un servizio di trading attraverso la piattaforma WealthWeb, che ha visto realizzarsi il suo primo ordine di test nell'agosto 1994. Nel 1995 la commissione per eseguito di Aufhauser è di 34 dollari per le prime 1.700 azioni negoziate, poi 2 centesimi per ogni azione successiva: poco meno di quanto praticato da Charles

Schwab, quando quelle dei grandi intermediari tradizionali oscillano invece tra i 100 e i 300 dollari. Le quotazioni sono ritardate di 15-20 minuti. Poco dopo Aufhauser introduce un conto speciale a 800 dollari all'anno tutto compreso e per 30 dollari al mese le quotazioni dei titoli in tempo (quasi) reale. Nel 1995, intuendo l'affare, il gruppo finanziario Ameritrade rileva dal fondatore la K. Aufhauser & Co., inserendosi in una competizione per la conquista del nuovo mercato telematico che al di là dell'Atlantico si va facendo sempre più aspra. Oggi Keith Aufhauser dirige la Aufhauser Securities di New York.
Sempre nel 1995 Securities APL avvia il Portfolio Accounting World Wide Service (PAWWS). Guidata dal presidente e CEO Jay Whipple, la società è una specie di Trade*Plus evoluta, nel senso che, come la creatura di Porter, non opera direttamente con i clienti privati ma offre i suoi servizi in outsourcing a banche, intermediari, investitori istituzionali e gestori; tra questi servizi, tutti basati su infrastrutture hardware e software complesse, vi è la fornitura "chiavi-in-mano" di strumenti online per la gestione dei portafogli dei clienti, per la misurazione delle performance finanziarie, per l'esecuzione di ordini in borsa e per realizzare sistemi di reporting evoluti, appunto attraverso la piattaforma PAWWS. Nel maggio del 1996, poco prima di essere acquisita da Checkfree Corp. attraverso uno scambio azionario per l'equivalente di circa 53 milioni di dollari, Securities APL ha come clienti le prime più importanti 180 società finanziarie di Wall Street, per conto delle quali gestisce telematicamente circa 300.000 portafogli professionali e centinaia di migliaia di eseguiti al giorno. E tra i suoi clienti vi sono i broker online Jack White, National Discount Brokers e Net Investor.
Fondata nel 1973, la californiana Jack White & Co avvia un servizio di trading online nel 1995; si tratta di un servizio

semplice, accessibile da un sito Web e poco adatto all'impetuosa crescita della domanda che White deve affrontare in quei mesi (10.000 clienti nel 1998), oltre a essere focalizzato pressoché solo su clientela dell'area di San Diego. Nel giro di un paio d'anni anche White ristrutturerà completamente la propria infrastruttura e abbandonerà PAWWS per realizzare in casa un servizio di trading online interamente basato su architettura e applicativi Microsoft. Uno dei servizi più utilizzati dagli utenti è il Mutual Fund Network, ovvero la possibilità di sottoscrivere circa 6.600 fondi online, di cui 1.250 senza commissioni di sottoscrizione. A grandi linee, quindi, l'offerta di White è paragonabile a quella di Schwab, cioè fortemente focalizzata sui prodotti d'investimento e risparmio per utenti faida-te (e su servizi collaterali come le carte di credito), ma con un servizio di trading che per tre anni di fila, dal '94 al '96, viene premiato dalla rivista "Smart Money", magazine del "Wall Street Journal", come il migliore degli Stati Uniti. Nel marzo del 1998 Jack White & Co. viene rilevata dalla canadese Toronto-Dominion Bank per 100 milioni di dollari; TD Bank ha già inglobato nel 1996 Waterhouse Investor Services per 714 milioni, dando vita alla controllata TD Waterhouse, che nel 2006 verrà infine acquisita da Ameritrade dando vita a TD Ameritrade.

A questo proposito vale la pena soffermarsi sulla scalata del mercato nordamericano del trading online da parte di Ameritrade, che con la fusione con TD Waterhouse diventa uno dei primi quattro o cinque colossi mondiali del settore. Come abbiamo già visto trattando dei servizi via telefono touch-tone, la sua storia inizia a Omaha, in Nebraska, col nome di Firts Omaha Securities, che cambierà prima in Accutrade, poi in TransTerra e dal 1996 in Ameritrade; la sua campagna acquisizioni si sviluppa attraverso K.

Aufhauser & Co. e All American Brokers (1995) che dal 1996 vengono integrati nel servizio di trading online "Accutrade for Windows" e poi in eBroker; nel 1999 viene rilevato il gruppo R. J. Forbes, nel 2001 TradeCast e National Discount Brokers, nel 2002 Datek online, nel 2003 Mydiscountbroker.com, nel 2004 Bidwell, Brokerage America, Investex e J.B. Oxford, e nel 2006 appunto TD Waterhouse. Con E*Trade, Charles Schwab e Fidelity, TD Ameritrade diventa quindi uno dei principali operatori del settore a livello mondiale.

Lo stesso anno del matrimonio con Ameritrade, TD Waterhouse lancia Waterhouse Investors PC Network, che offre ai clienti il trading online, l'accesso diretto ai mercati finanziari, prezzi in tempo reale, notizie dai mercati e gestione del conto. La crescita di TD Ameritrade è paradigmatica del percorso di tutti i grandi attori del trading online internazionale, sviluppatisi sulla base dell'intermediazione tradizionale dei decenni precedenti e poi ingigantitisi grazie all'acquisizione di un pulviscolo di piccole e medie aziende pionieristiche e innovative.

Tornando ai broker legati al PAWWS di Securities APL, un altro nome importante è senz'altro National Discount Brokers. La società viene fondata nel 1994 come discount broker di tipo tradizionale all'interno del gruppo finanziario Sherwood (uscito a fatica da una serie di rovesci nel corso degli Anni '80). Non quindi online e con un forte orientamento al trading telefonico, tanto da assicurare nella pubblicità una risposta al massimo al terzo squillo: in caso contrario l'esecuzione dell'ordine è gratis. Nell'ottobre del '94 da NDB viene presentato il servizio di trading online via Web attraverso il PAWWS, a cui nel 1996 viene aggiunto un ampio servizio di negoziazione sui fondi comuni. Nel 1997 l'intero gruppo prenderà il nome di NDB e nell'ottobre del 2000 verrà rilevato da Deutsche Bank, quando registrerà circa 270.000 clienti. Come per gli altri broker legati a Securities APL, anche NDB offre trading via WWW su azioni, obbligazioni, fondi comuni e opzioni, oltre a informazioni finanziarie, prezzi in tempo reale, gestione dei titoli in portafoglio, strumenti di elaborazione dei dati di borsa e di selezione dei titoli. Le commissioni, definite dai media dell'epoca "le più aggressive rispetto agli altri broker online", sono di 20 dollari per eseguito su azioni OTC o di 28 dollari per ordini di almeno 5.000 azioni quotate.

Meno competitivo, infine, il servizio denominato "Net Investors" realizzato dall'intermediario Howe Barnes nel dicembre del 1994 e diventato pienamente operativo nel 1995: fino a 38 dollari per ordini superiori ai 2.500 dollari di valore, con conferma dell'eseguito via e-mail. Il biennio '95-'96 è però una nursery di broker online. Thomas F. White & Co. si dimostra una delle realtà più attive del settore con ben tre broker online sotto il suo controllo: Lombard Institutional Brokerage, CompuTEL Securities e White Discount Securities.

Nell'ottobre '95 Lombard Institutional Brokerage si presenta sul mercato con un'offerta di trading online competitiva, partendo con un sito Web per la negoziazione di opzioni; la commissione per eseguito è di 34 dollari, sia via Internet che via telefono-voce e mette a disposizione dei clienti, tra l'altro, grafici evoluti e indicazioni per gli investimenti (si tratta pur sempre di un intermediario tradizionale che basa il proprio business sulla consulenza). La piattaforma è sviluppata internamente e poco tempo dopo Lombard arriverà allo scorporo dell'attività di sviluppo per vendere ad altri broker la propria tecnologia.

CompuTEL Securities e White Discount Securities offrono entrambe il medesimo servizio, denominato il "Rapid Trade System", che consente la negoziazione sia via computer sia via telefono a toni. CompuTEL è attiva dal giugno 1995 e offre trading su azioni, opzioni, fondi e obbligazioni. La storia e la fine della T.F. White & Co. sono strettamente legati alle tristi vicende che hanno coinvolto il suo fondatore a partire dal febbraio 2003. Settantenne, finanziere, milionario e filantropo, Thomas White viene arrestato in Thailandia per reati a cui sostiene di essere del tutto estraneo, presunta vittima di un fallito tentativo di estorsione ai suoi danni.

Sempre in questi anni scende in campo anche Pacific Brokerage Services (PBS), fondata nel 1976 da Steve Wallace a Los Angeles. Discount broker storico e di notevoli dimensioni, nel 1995 presenta il proprio servizio di trading online, inizialmente con connessione dial-up (cioè diretta via modem e cavo telefonico) e tre anni dopo via Internet sulla base di un server IBM AS/400 e di software I/Net. Poco dopo viene però rilevata da Mellon Bank, fusa con il broker tradizionale Dreyfus Brokerage Services (fondata nel 1976), che dal 1996 offre trading online in azioni e opzioni. Nel 2001 è stata integrata, con i suoi 75.000 conti attivi, in Brown&Co., a sua volta poi ceduta ad E*Trade.

La carrellata del biennio '95-'96 prosegue con un altro importante attore della scena USA, Datek, coinvolta in più di uno scandalo finanziario ma saldamente presente nei primi posti di tutte le classifiche dei broker online, per qualità e dimensioni, degli anni successivi. A lanciarla sono Sheldon Maschler e Robert E. Brennan, il primo trader d'assalto di New York, il secondo venditore di penny stock (azioni di piccolissime società, spesso quotate in circuiti OTC, i cui prezzi possono essere facilmente manipolabili da organizzazioni finanziarie senza scrupoli). Ma i primi passi Maschler li muove, a partire dal 1989 avendo un'età di 44 anni, con due adolescenti, il figlio diciassettenne di un amico, Jeffrey A. Citron, e lo studente liceale e genio dell'informatica Joshua Levine; con loro sviluppa i programmi Watcher e Monster Key, in grado di monitorare gli scambi sul sistema del NASDAQ per il trading su titoli OTC chiamato Small Order Execution System (SOES) e approfittare dei suoi punti deboli. Nel 1988, però il gestore del NASDAQ scopre il trucco e gli infligge una multa di 60.000 dollari; nel 1991, quando Citron e Maschler, hanno comunque già messo in tasca, complessivamente, 3 milioni di dollari, Datek viene sospesa dal SOES per 35 giorni per abuso del sistema. E ancora, una sospensione di tre mesi nel 1992 e un'altra di un giorno nel 1993, questa volta per "linguaggio profano e indecoroso". Nel 1992 i due soci di Maschler lasciano l'azienda per fondare l'ECN Island. La fama di Datek e dei suoi manager è pari a quella di una nave pirata all'assalto dei bastimenti di passaggio, tanto che il nomignolo meno offensivo che gira è "SOES bandit". Sospensioni e multe saranno comunque per molto tempo la costante dell'attività di Maschler ed ex soci. Basti dire che ancora nel gennaio 2003 Maschler e Citron saranno condannati dalla SEC a pagare rispettivamente 30 e 22 milioni di dollari per trading illegale e manipolazione dei book. Altre sanzioni arriveranno nel 1997 e nel 1998.

Dal 1996 la società di New York si dedica anima e corpo al trading online, basando ancora una volta il suo successo sulla capacità di sviluppare software con alto livello di complessità. Anche perché nel frattempo la NASD annuncia regole più stringenti riguardo l'uso di applicativi per il trading istituzionale, che tra l'altro sono ormai utilizzati da molte altre società. Datek è comunque in grado di sfruttare tutte le potenzialità di Island, che offre molti titoli quotati sul NASDAQ spesso a prezzi più convenienti, e ciò consente di dare il via a una guerra dei prezzi contro gli altri broker portando la commissione per eseguito ai livelli più bassi mai finora visti: 9,99 dollari. Nel 1998 Datek registra

80.000 clienti e si piazza al quinto posto negli USA per volume medio giornaliero transato. È infine nel 1996 che scende in campo il peso massimo della negoziazione a sconto, tradizionale e online. Fondata nel 1963, Charles Schwab & Co. sbarca sull'online relativamente tardi rispetto alla concorrenza, ma i suoi numeri (oltre 25 miliardi di dollari gestiti) e il peso dei suoi investimenti gli consentono non solo di mantenere ma anche di incrementare la propria quota di mercato. Nel 1995 lancia il suo primo sito Web e contemporaneamente rileva la britannica ShareLink; nel 1996 avvia il trading online via Web (eSchwab), dopo aver investito in tecnologia già nel 1979 con l'installazione dei primi server a uso interno, aver lancia-to nel 1983 The Equilizer, nel 1989 TeleBroker (sistema di trading telefonico automatizzato) e nel 1993 StreetSmart.
Rispetto ad E*Trade, Schwab è da tempo un colosso consolidato dell'intermediazione. Il gruppo controlla numerose società attive nei più svariati settori finanziari, market maker, distributori di fondi d'investimento (uno dei pilastri del suo successo), fiduciarie e altro ancora. La strategia è quella di porsi come discount broker di fascia alta, con commissioni più alte della media ma con una gamma di servizi di amplissimo respiro, paragonabile a quella dei cosiddetti full-service broker tradizionali. Rispetto agli altri broker online, poi, fa una scelta inedita: offre corsi didattici gratuiti via Internet sull'uso della tecnologia. Tra i punti di forza, come detto, il Mutual Fund Marketplace, portale per la scelta e il confronto di fondi comuni propri e di altre società; ad esso affiancherà poi il Mutual Fund OneSource, in cui viene concentrata l'offerta online di fondi senza commissioni di sottoscrizione (no load). Puntando soprattutto sulla gestione del risparmio, sia basata sulla consulenza personale sia sugli strumenti telematici, Schwab sviluppa una serie di applicativi

sofisticati per la gestione del portafoglio (Asset Allocation Toolkit, Market Buzz e altri). Il 1996 poi è anche l'anno del primo collocamento in borsa via Internet. La spinta arriva da società private che, per quotarsi evitando di pagare gli esorbitanti costi degli intermediari specializzati in questo tipo di operazioni, decidono di sfruttare le possibilità fornite dal Web. La prima, in particolare è Street Spring Brewing, un piccolo produttore di birra statunitense, che all'inizio del 1996 decide di vendere le proprie azioni in fase di collocamento anche attraverso la piattaforma non regolamentata Wit-Trade, fondata da Andrew Klein, riuscendo a raccogliere così 1,6 milioni di dollari sui 5 milioni totali chiesti al mercato. Wit-Trade è una BBS (bullettin board system) simile a quella della più nota Pink Sheet, che mostra solo prezzi in acquisto e in vendita, le ultime transazioni e i contratti relativi alla transazione stessa. La novità spiazza la SEC che interviene e chiede a Street Spring di sospendere l'operazione per valutarla. Il 17 aprile 1996, infine, la SEC, attraverso quella che negli USA viene definita una "no-action letter" (cioè dichiarazione di non intervento), si limita a indicare a Wit-Trade alcuni aggiustamenti operativi, implicitamente consentendo la prosecuzione dell'attività senza per questo costringere la società a richiedere un'autorizzazione specifica come borsa, intermediario, società di clearing o altro. Da sottolineare come la SEC, tra le argomentazioni contenute nella lettera, affermi che «l'innovazione e la creatività sono le caratteristiche dei mercati finanziari della nostra nazione che hanno contribuito enormemente a una maggiore efficienza del sistema di formazione dei capitali di tutto il mondo»: quanta ironia in queste parole, ripensando agli eventi di questi ultimi anni, dai subprime a Enron, da Worldcomm a Bernard Madoff, dall'attività speculativa ai conflitti d'interesse delle grandi banche e delle società di rating ai maxi-bonus. Malgrado l'ok della SEC, Klein nel 1997 trasforma Wit-Trader in intermediario autorizzato. La no-action letter della SEC dà però il via a un gran numero di sistemi automatizzati per la negoziazione, a partire da quelle della Real Goods Trading Corporation (RGTC), PerfectData, Direct Stock Market e Peoples Stock Network, dai quale emergeranno un ventaglio di piattaforme professionali e di soluzioni tecnologiche che rapidamente si riverseranno nei servizi per privati. Siamo dunque arrivati alla vigilia del grande boom del 1997, l'anno che segnerà il momento di trasformazione del trading online da strumento di nicchia a fenomeno di massa. Un'esplosione d'interesse che si scontrerà frontalmente con il crollo delle borse del marzo 2000 dovuto al cosiddetto scoppio della bolla di Internet o delle "dot.com"; ma fino ad allora, la negoziazione telematica vivrà la sua età dell'oro.

1997-1999
Il trading online decolla negli USA. Primi broker online in Asia

Dal 1997 diventa sempre più difficile tenere il conto delle nuove società e dei nuovi servizi. Il fenomeno del trading online è una realtà commerciale e finanziaria consolidata che in pochi anni porterà negli USA un quarto degli ordini in borsa effettuati online da privati. E senza dimenticare che da almeno tre anni anche in Europa (in Italia dalla fine del 1994), pur con caratteristiche un po' diverse, la negoziazione telematica di titoli finanziari è una nicchia in costante

espansione. In Asia il primo broker online per privati si manifesta proprio nel 1997.
Ma la forte crescita che inizia in questo anno da cosa nasce? La risposta è contenuta nei precedenti capitoli: un gruppo di pionieri fa propria l'esperienza precedente e si getta a cavallo del Web, proprio mentre l'informatizzazione dell'utente medio si intensifica e i servizi, non solo finanziari, si moltiplicano. È, quindi, ancora una volta una storia di convergenza. Convergenza tra offerta, domanda e tecnologia, sapientemente miscelate da idee innovative e coraggio imprenditoriale.
È dunque il momento di dare un po' di numeri.
Secondo la rivista "Fortune", che cita uno studio di Forrester Research, nell'aprile del 1995 negli Stati Uniti vi sarebbero circa 400.000 investitori «che piazzano ordini nel cyberspazio, molti usando i tre grandi servizi online America On Line, CompuServe e Prodigy altri servizi proprietari non in rete, come StreetSmart di Schwab». Un numero che a fine 1997, secondo alcune stime, avrebbe toccato i 2,9 milioni, i 5,3 milioni a fine '98 (Forrester Research) e gli 8,4 milioni alla fine del '99, cioè alla fine del periodo preso in considerazione in questo primo volume.
Una "torta" che negli Stati Uniti si spartiscono inizialmente pochi "affamati". A questo proposito è interessante la già citata analisi realizzata nel 2000 da Kenneth J. Michal per l'American Association of Individual Investors (AAII), secondo cui sono 6 i broker online nel 1991, 7 nel 1994 e tutti fino a questo momento con connessione diretta via modem (dial-up), cioè non collegati a Internet. Soltanto nel 1995 su 12 società una offre il suo servizio attraverso il Web. Una dozzina, che significa praticamente un raddoppio, trend che da questo momento si confermerà almeno fino al 1999. Dei 20 broker attivi nel 1996, 5 sono via Internet mentre, come detto, il 1997 si conferma l'anno del boom:

sul Web vi sono ben 25 società delle 33 attive e globalmente vengono realizzati online da privati circa 153.000 eseguiti al giorno. Progressivamente tutti si adeguano al nuovo potente canale di comunicazione e nel 2000 non ci sarà più nessuno dei 76 broker online statunitensi fuori dalla Rete. Soltanto lo scoppio della bolla del marzo 2000 porterà a un drastico ridimensionamento del mercato della negoziazione finanziaria online, tanto che nel 2004 saranno attive soltanto 54 società.

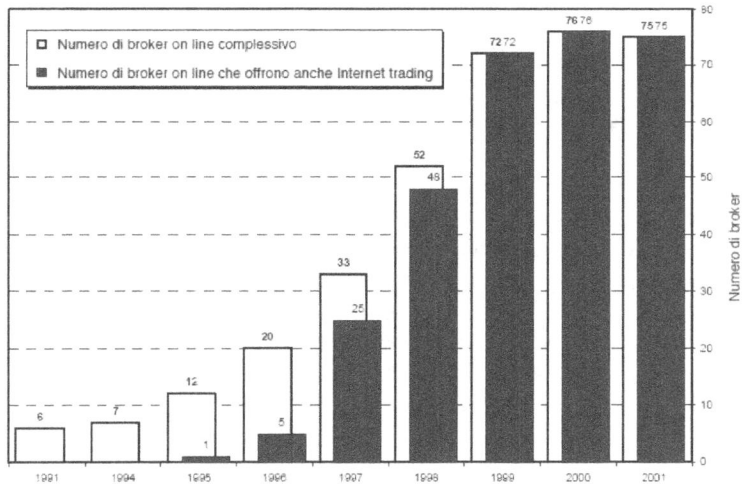

Figura 18 - Rapporto tra numero di broker online complessivo e broker che offrono anche Internet trading

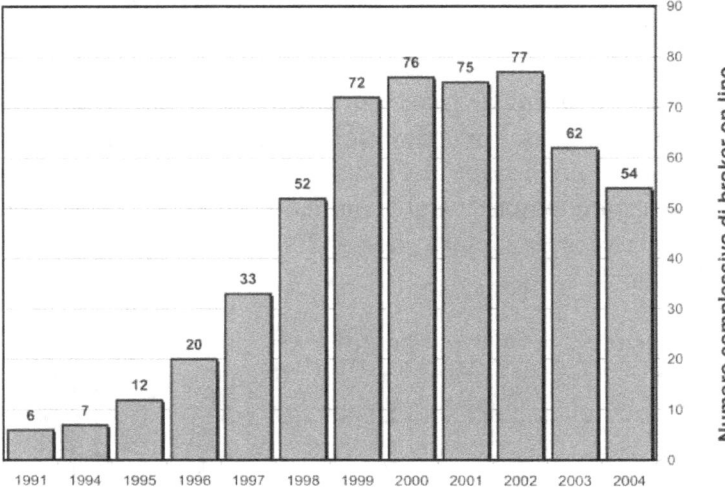

Figura 19 - La crescita dei broker online negli Stati Uniti secondo il rapporto dell'AAII. Dal 1999 tutte le società offrono servizi soltanto attraverso il World Wide Web

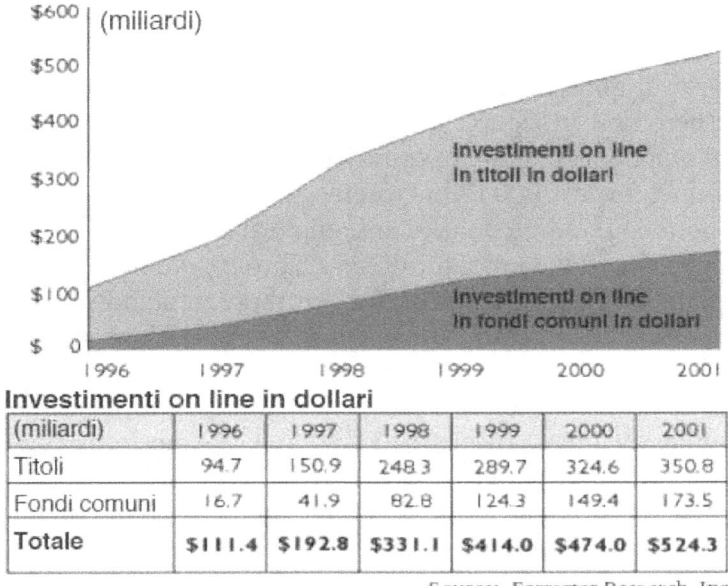

Investimenti on line in dollari						
(miliardi)	1996	1997	1998	1999	2000	2001
Titoli	94.7	150.9	248.3	289.7	324.6	350.8
Fondi comuni	16.7	41.9	82.8	124.3	149.4	173.5
Totale	$111.4	$192.8	$331.1	$414.0	$474.0	$524.3

Source: Forrester Research, Inc.

Figura 20 Gli investimenti effettuati con sistemi telematici negli Stati Uniti dal 1996 al 2001

Sempre secondo Forrester Research, nel 1996 i volumi online su azioni e fondi sono infatti pari a poco più di 110 miliardi di dollari, che nel 1997 sono diventati quasi 200 per poi crescere di 70-80 miliardi negli anni successivi.

Nel 1996, 1998 e 1999 le principali quote di mercato dei broker nordamericani sono le seguenti:
- Charles Schwab 33%, 32% e 28%
- E*Trade 15%, 12% e 12%
- Fidelity 13%, 8% e 10%
- Datek 7%, 7% e 10%

Il che significa che negli anni del boom i primi quattro broker si portano a casa il 60-70% dei clienti e dei volumi.

Il mercato, infatti, ampliandosi nel numero dei broker, dei clienti, degli eseguiti e dei volumi riduce proporzionalmente il peso di quasi tutti i più grandi a spese dei nuovi entrati, che però non riescono singolarmente a ritagliarsi in soli tre anni una quota realmente significativa.

Nel maggio del 2000 l'US General Accounting Office, in un rapporto sul trading online consegnato al Congresso, prende in considerazione i dati forniti da 12 broker online anonimi, segnalando tuttavia come questi, pur rappresentando «meno del 10% delle società attive del settore» (all'epoca circa 160), abbiano raccolto nel 1999 circa il 90% dei volumi online totali, con circa 500.000 eseguiti al giorno e che, complessivamente, il mercato USA nel '99 raccoglie più o meno 10,5 milioni di conti.

Numeri da capogiro? Forse. Ma da ridimensionare almeno per quanto riguarda la reale operatività: secondo una rapporto redatto dalla SEC il 25 aprile 2000, il numero di day trader privati, che per lo stesso ente rappresentano un "fenomeno nuovo", non è superiore a 7.000, soprattutto se confrontato con gli 80 milioni di statunitensi stimati che nel 1999 possiedono azioni di società quotate e con i 5 milioni che complessivamente usano Internet per negoziarle. Poche migliaia di trader super-attivi, quindi, che secondo la SEC nel 2000 potrebbero muovere circa il 15% dei volumi del NASDAQ. Quanto a possibili truffatori, nello stesso anno la SEC conclude che, dopo aver analizzato a fondo 22 broker online, non vi siano motivi di preoccupazione e che le poche irregolarità riscontrate sono veniali e frutto di errate interpretazioni delle normative a livello amministrativo.

Un'altra analisi interessante dell'AAII riguarda il confronto tra i primi due della classe, cioè Charles Schwab ed E*Trade, i cui risultati possono essere visualizzati nei due grafici in Figura 22 e 23. Come si vede, le dimensioni di Schwab sono di qualche grandezza più consistenti, non

foss'altro per il fatto che si tratta di una società attiva da decenni con una solida base di centinaia di uffici sparsi per il Paese, a confronto con una società (quasi) nuova con una tecnologia innovativa e un servizio praticamente unico.
Tuttavia dall'evoluzione nel tempo si vedono i risultati: l'utile netto trimestrale di Schwab è ciclico ma all'interno di un trend in continua crescita, mentre E*Trade, a partire dall'autunno 2008 va in rosso pur con ricavi in discreta crescita.
E anche nella crescita del numero di clienti non c'è gara: tra 1997 e 1998 Schwab ne guadagna 1,4 milioni passando da 780.000 a 2,2 milioni, contro i "soli" 550.000 di E*Trade, che vede i conti toccare quota 680.000 dai 145.000 iniziali. Una crescita percentualmente più significativa, senza dubbio. Ma, si sa, non è con le percentuali che si fa fatturato. Insomma, almeno per i primi anni, il business tradizionale reso ibrido dall'integrazione con una robusta infrastruttura informatica, sembra essere il modello vincente.
Parallelamente al crescere della concorrenza e della corsa ad accaparrarsi la clientela digitalizzata, precipitano le commissioni secondo una curva che, nel caso dei discount broker più aggressivi, giungerà nei primi anni del terzo millennio a rasentare 1 o 2 dollari per eseguito. La media comunque resterà attorno ai 20 dollari ancora a lungo. Con l'aprirsi del nuovo millennio e il nuovo crollo dei mercati che fa seguito allo scoppio della bolla tecnologica, ancora una volta il settore del trading online verrà messo drammaticamente alla prova. Tuttavia, le basi gettate nel corso degli Anni '90 consenti-ranno la tenuta dei broker più solidi e una sostanziale prosecuzione dell'attività che vedrà nuovi ambiti di sviluppo.

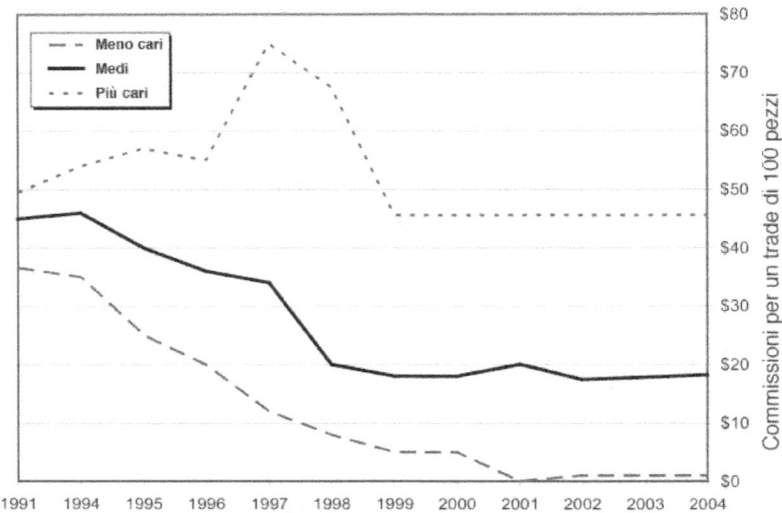

Figura 21 La curva delle commissioni per eseguito dei broker statunitensi negli Anni '90 e all'inizio del terzo millennio.

APPENDICI

Fonti e bibliografia

Andrea Fiorini, articoli pubblicati sul settimanale "Borsa&Finanza", 1999-2012, Editori PerlaFinanza.
Andrea Fiorini, "Trading Online for Dummies", Ed. Hoepli, 1ª ediz, 2016, 2ª ediz. 2020.
Andrea Fiorini, "Trading e investimenti online", Ed. Hoepli 2021.
Andrea Fiorini, "Investire con il crowdfunding for dummies", Ed. Hoepli, 2021.
Andrea Fiorini, "Annuario del Trading Online Italiano", ediz. da 2013-14 a 2019-20, Ed. Mediosfera e Trading Library.
Andrea Fiorini, "Soldi sul filo", 2001, Ed. Hops Libri-Tecniche Nuove.

Howard M. Friedman, 2004, "Securities regulation in cyberspace", Aspen Publishers.
Alfred L. Norman, 2009, "Informational Society Online", University of Texas at Austin.
Alfred L. Norman, 2009, "Initial impact of computers in the 60s and 70s", University of Texas at
Austin.
Sam Allis e altri, "The MIT 150: 150 Ideas, Inventions, and Innovators that Helped Shape Our
World", 2011, The Boston Globe.

"Notice of Commission views on computer brokerage system", SEC release no.34-21383, 9/10/1984.

James W. Cortada, The digital hand, Vol. 2, 2006, Oxford University Press [Cincinnati Stock Exchange].

Anna Ponziani e altri, "Rapporto e-retail finance in Italia" (semestrale), 2000-2008, KPMG Advisory.

Autori vari, "Reference for business", 2011, Advameg.

Dean Furbush, "Program trading and price movement: evidence from the october 1987 market crash", 1989, Financial Management.

"See day traders working hard to influence how the profession is to be defined", 1999, Securities Week (McGraw-Hill).

ICI e SIA, "Equity ownership in America", 1999, Fall.

Jean-Michel Sahut, "On-line brokerage in Europe: actors & strategies", 2003, Array Development.

Niko Marcel Waesche, "Internet entrepreneurship in Europe", 2003, Elgar Publishing.

Marco de Marco, "La banca virtuale in Germania", Beltel, dicembre 1997.

J. W. Smith, J. P. Selway III, D. T. McCormick, "The Nasdaq stock market", 1998, NASD. http://www.nasdaq.com/newsroom/presskit/timeline.stm , 2011, Nasdaq Omx Group.

Bulletin n° 348, luglio-agosto 2000, Commission des Opérations de Bourse (COB), Parigi.

Bruno Dranesas, "La voie est libre en France pour la banque sans guichets", 18/1/1995, "Liberation".

Daniel Fortin, "La banque directe demarre en flanant", 20/03/1995, L'Expansion. Wikipedia, http://it.wikipedia.org, http://en.wikipedia.org, http://fr.wikipedia.org

http:// www.fundinguniverse.com, 2006, The Gale Group.

"Trading On The Computer", 1° giugno 1984, Inc. Magazine (USA).

Natalie Stetz Tobias, "The meteoric history of online stock trading", 2010, Stock Trading Warrior.

Presidenza del Consiglio dei Ministri, 2011, http://www.governo.it

"System [AutEx] is planned for block trading", 26/6/1968, "New York Times".

"Boston firm [AutEx] unveils information network for big stock trades", 26/6/1968, "The Wall Street Journal".

Frank Durda, "Dual tone multi-frequency (Touch-Tone) reference", 2006, http://nemesis.lonestar.org

"History of online banking", 2011, eHow Demand Media [Security First Nat Bank].

Mary Cronin, "Banking and finance on the Internet", 1997, Wiley [Videotex, nascita dell'home banking].

"French and british slug it out in teletext battle", 27 novembre 1980, New Scientist [Usa, Videotex].

M. Edwards, "Brighter picture is appearing for business Videotex", agosto 1985, Communications News.

Peter Dickman, Peter G. Neumann e altri, "The risks digest Forum on Risks to the Public in Computers and Related Systems", Volume 6, volume 67m, 24 aprile 1988, ACM Committee on Computers and Public Policy (GB) [Duca di Edimburgo, Videotex violazione posta].

Frank Muhlberg, "Informazioni generali su TeamBank", 2011, Bankenvergleich.net (Germania) [NTB].

"Norddeutsche Teilzahlungskreditbank Dr. Ade & Co. AG, Hamburg: Der Mensch als Schnittstelle", 26 settembre 1975, Computerwoche.de, IDG Business Media Gmbh (Germania) [NTB].

Verbraucherbank-Kunden schreiben Überweisungen per Bildschirmtext "Mit der Maschinenpistole im Trojanischen Krieg", 12 giugno 1981, COMPUTERWOCHE.DE, IDG Business Media Gmbh (Germania) [NTB].

Bernardo Bàtiz-Lazo, "Technological innovation in retail finance: international historical perspectives", 2011, Taylor & Francis [Rabobank, Barclays].

Ian Martin, "Britain's first computer centre for banking: what did this building do?", University of Manchester (GB) [Barclays 1955].

John Cowen, "Report of the Electronics Sub-Committee to the Chief Executive Officer", 9 maggio 1958 [Barclays 1955].

"ERMA and MICR: the origins of electronic banking", 2012, SRI International (USA) [ERMA]. "Computer wartet auf Arbeit: Selbstbedienung zum Nulltarif geplant", 18 giugno 1976, COM-
PUTERWOCHE.DE, IDG Business Media Gmbh (Germania) [NTB].

Howard Finberg, "Before the Web, there was Viewtron", 27 ottobre 2003, Poynter (he Poynter
Institute, USA).

William W. Streeter, "Adios, Bank One", 2004, ABA Banking Journal, vol. 96 [Bank One].

"The History of JPMorgan Chase & Co. 200 Years of Leadership in Banking", 2008, JPMorgan
Chase & Co. [Bank One, Chase Manhattan, Chemical Bank].

"Home banking by computer", 29 marzo 1983, "New York Times" [Chemical Bank]. "Home finance in an electronic age", 20 settembre 1982, "Time" [Chemical Bank].

"B of A, Chemical, AT&T and time plan home banking", 4 giugno 1985, "Los Angleles Times" [Chemical Bank].

Tom Forester, "High-tech society: the story of the information technology revolution", 1987, "MIT Press".

"Touch Tone telephone will help pay your bills", 5 dicembre 1965, "The Palm Beach Post".

J.C. Westland, T.H.K. Clark, 1999, "Global electronic commerce: theory and case studies", "MIT Press" [touch tone trading, DLJ].

"Tymshare Inc.", 2011, Computer History Museum (Mountain View, California).

Stuart L. Mathison, "Telenet inaugurates service", 1975, "ACM Computer Communications Review".

John Markoff, "Stock market bulletin board supplies quotation", 5 aprile 1982, InfoWorld [Max Ule].

Michael K. Wolensky, "Securities law and the Internet enforcement issues: application of suitability obligations", 1999, Kutak Rock [su SEC "Computer Brokerage Systems", 9 ottobre 1984. Securities Exchange Act Release No. 34-21383].

Tim Metz, "Black Monday: the stock market catastrophe of October 19, 1987".

Joseph Meth, "The october 19, 1987 market crash", 19 ottobre 2011, DailyMarkets.com Jim Bartimo, "Clients with micros challenge stockbrokers", 16 aprile 1984, InfoWorld. Denise Caruso, "Buying stocks on-line", settembre 1984, InfoWorld.

Gary Meyers, "Here's how to trade stoks on your home computer", 11 febbraio 1985, "Spartanburg Herald-Iournal" e "Gainesville Sun" [Hutton e Spear].

Hank Bannister, "Broker show stock services", 18 mar 1985, InfoWorld [Fidelity, Spear]. Inserzione pubblicitaria NAI-CO-Net, 28 luglio 1986, InfoWorld

Lisa Spiegelman, "Pc-based trading brings the stock market home", 8 dicembre 1986, InfoWorld

[Fidelity Investor's Express].
C. Jouzaitis, B. Barnhart, "Hope, risk vie in quest for Wealth Unlimited", 10 maggio 1987, Chicago Tribune [McGivney, NAICO-Net].
B. Grady, M. Goozner, J. O'Brien, "Ties that bind put to test on clients", 6 febbraio 1990, Chicago Tribune [causa contro Kopko, North American Holding].
Ed Henry, "When your computer is you broker", luglio 1994, Kiplinger's Personal Finance Magazine
Udayan Gupta, "Managing Your money with computers", luglio 1984, Black Enterprise.
Michael Barrier, "Looking to the long term Discount broker Charles R. Schawb", dicembre 1988, Nation's Business.
Fabrizio Bartoloni, "Una storia dei computer giapponesi (1956-1997)", 2009, Punto Informatico. Fabrizio Bartoloni, "URSS, una storia dei computer (19481989)", 2009, Punto Informatico. Marie Marchand, "La grande aventure du Minitel", 1987, Librairie Larousse.
"Introduction to AN/FSQ-7 Combat Direction Central and AN/ FSQ-8 Combat Control Central" [SAGE], 1959-65, IBM Military Products Division.
«SAGE's central processing unit: The FSQ-7 (Whirlwind II)», 2005, American Computer Science Association ASCA.net
"Per fili e per segni", 2006, AICA http://www.museoaica.it [su reti Tymnet, Uninet, Telenet e reti Europee].
William Stewart, "Internet history", 2000-2007, Living-Internet.com
Claude Baum, "The system builders: the story of SDC", 1981, SDC [sul SAGE].
Rose Aguilar, "CompuServe wants your money", 26 marzo 1996, CNET News.
"CompuServe brings banks online via alliance with Braun Simmons & Co.", 26 marzo 1996, PR Newswire.

B. Becker, S. Schulte, M. Wallach, "Securities law and the Internet", 1998, Practising Law Institute [DLJ Direct].

John Kador, "Charles Schwab: how one company beat Wall Street and reinvented the brokerage industry", 2002, Wiley.

Andrea Carignani, "Trading on-line in Europa", 2003, Università Cattolica di Milano e Università di Regensburg [broker Usa dal 1990].

"Default bank brings internet to town", 21 ottobre 1995, Community Investment Network.

Bill Orr, "Community banking on the Internet", 1995, ABA Banking Journal, Vol. 87.

Denise Duclaux, "The call of the Web: should you take the plunge with an Internet home page?

And, if so, how?", 1996, ABA Banking Journal, Vol. 88.

Patrick J. Conway, Charles Duncan,"Interview with a banker: the motivations of Apollo Trust",

23 ottobre 1995, Department of Economics University of North Carolina.

Andreas Crede, "Electronic commerce and the banking industry: the requirement and opportunities for new payment systems using the Internet", Science Policy Research UnitUniversity of Sussex.

"SWIFT history", 2011, http://www.swift.com/about_swift/company_information/swift_history.page, SWIFT.

http://www.edibasics.co.uk, 2011, GXS Ltd (GB) [Financial EDI].

George A. Fontanills, "Trade options online", 1999, Wiley (USA) [broker 1994-96, Datek].

Ian Johnston, "The lineup of the on-line services", Maggio 1993, Kiplinger's Personal Finance

Magazine [broker 1990-1994].

"Brokerages become first to let investors buy, sell stocks through Internet", 12 marzo 1995, Los Angeles Times [Net Investors, K. Aufhouser & C.].

James Aley, "How investors can use the Internet sure", 17 aprile 1995, Fortune Magazine. "National Discount Brokers Debuts as Exclusive Provider of Discount Brokerage Services for Women's Connection Online", 19 febbraio 1998, BUSINESS WIRE (USA) [National Discount Brokers].

Kenneth J. Michal, "On-line discount brokers", 2001, AAII (USA) [broker USA 1990-94].

Asish Ramchandran, Vijay Gurbaxani, "On-line discount brokerages: E*Trade vs. Charles Schwab", novembre 1999, Center for Research on Information Technology and Organizations University of California [1995-1996].

Costas Markides e Paul Geroski, "Colonizers and Consolidators: The Two Cultures of Corporate Strategy. A firm can pioneer a market or scale it but not both", Autunno 2003 n. 32, Strategy-Business.com [Net Investors, Security APL].

Giancarlo Livraghi, "Dati e statistiche sull'internet in Italia, in Europa e nel mondo", 2011, http://gandalf.it [dati su Internet]

"Checkfree Corporation completes acquisition of Security APL", 9 maggio 1996, SEC (http://www.secinfo.com/dsVS7.92G5.c.htm).

"Jack White & Company", 1998, Caso di studio di Microsoft Corporation per Windows NT.

Indice delle aziende citate

A
Accutrade
Acument Securities
All American Brokers
Amen & Associates
American Association of Individual Investors (AAII)
American Express American Stocks Exchange
America On Line (AOL)
Ameritrade
Apple
Arizona Stock Exchange (AZX)
ARPA
Arpanet
Association of Individual Investors (AAII)
Atanasoff Berry Computer
AT&T
AT&T WorldNet
Aufhauser Securities
AuteEx Service Corporation

B
Banc One
Bank of America
Bank of Delaware
Bank of Montreal
Bank of Scotland

Bank One
Barclays Bats
BBC
Bell System
Bidwell
Borsa Italiana
British Telecom
BrokerageAmerica
Brown&Co.
Bunker Ramo
Burroughs
Butler America
Butler
Butler International

C
Camera di Commercio di New York
Capital Institutional Services
CBS
CCETT
CD Anderson & Co.
CERN (Consiglio Europeo delle Ricerche Nucleari)
Charles Schwab & Co.
Chase Manhattan Bank
Checkfree Corp.
Chemical Bank
Chevy Chase Bank
Chicago Mercantile Exchange (CME)
Chi-X
Cincinnati Stock Exchange
Citibank
Citicorp
Committee of London Clearing Bankers (CLCB)
Commodore

CompuTEL Securities
CompuServe
Consumer Bank
Coutts Bank
Crédit Agricole
Credit Suisse

D
Dahlman Rose & Co.
D'Ancona & Pflaum
DARPA
Dartmouth College di Hanover (New Hampshire USA)
Datek
DEC
Delphi
 Deutsche Bank
Deutsche Bundespost
Direct Stock Market
Donaldson Lufkin & Jenrette (DLJ)
Dow Jones
Dreyfus Brokerage Services

E
EF Hutton & Co.
Electronic Funds Transfer Association (EFTA)
EMI
Electronics English Electric
Enron
E*Trade
Execution Services

F
Federal Communications Commission (FCC)
Ferranti

Fidelity Investments
First Virtual
Firts Omaha Securities
Forrester Research
France Télécom
Fuji
Fujitsu

G
General Electric
Genie
Globex
Google
Gòtabanken
GPO

H
Hamburg Sparkasse
Harrisdirect
Herzog Heine & Geduld
Hitachi
Honeywell
Hospital Newspapers Group
Howe-Barnes
Hughes Aircraft
Hutton

I
IBM
Indipendent Broadcasting Authority (IBA)
Instinet
Institutional Networks
Intermarket Trading Network (ITN)
Investex

Investment Technology Group
Island
ITV

J
Jack White & Co.
J.B. Oxford
Jonathan Alan & Co.
Joseph P. McGivney
JPM Industries
JP Morgan Chase
JP Morgan

K
K. Aufhauser & Co.
Knight-Ridder Newspapers

L
La Poste
Lehman Brothers
LIFFE (London International Financial Futures & Options Exchange)
Lloyds Bank
Lombard Institutional Brokerage
London Stock Exchange (LSE)
Lycos
Lyons

M
Manufacturers Hanover Bank
Martin Marietta
Martins Bank
Massachusetts Institute of Technology di Boston (MIT)
Massachusetts Investors Trust

Matif
Max Ule & Co.
McDonnell Douglas
MCI
MCI Worldcom
Mellon Bank
Merrill Lynch
Merrin Financial
Metropolitan Museum of Art
Microsoft
Microsoft Network
Midland Bank
MIT Lincoln Laboratory
Moore School of Engineering Morgan Stanley
Morningstar
Mydiscountbroker.com

N
NAH
NAICO
NASA
NASDAQ
NASDAQ OMX
National Association of Securities Dealers (NASD)
National Center for Supercomputing Applications (NCSA)
National Discount Brokers
National Provincial Bank
National Stock Exchange (NSX)
NEC
Net Investors
Netscape
Networked System International (NSI)
Networking and World Information
News Corporation

New York Mercantile Exchange (Nymex)
New York Stock Exchange (NYSE)
Norddeutsche Teilzahlungkreditbank (NTB)
Noris Bank
Nortel Networks
North American Holding Corporation (NAH)
North American Holding
North American Investment Corp. (NAICO)
North American Ventures
Nottingham Building Society (NBS)
NTB
NTT
Nymex
NYSE Euronext

O
OMX
OSI

P
Pacific Brokerage Services (PBS)
Pacific Stock Exchange
PaineWebber Incorporated
Peoples Stock Network
PerfectData
Pershing & Co.
Philadelphia Stocks Exchange
Pizza Hut
Plantagenet Capital
Poste, Téléphone et Télécommunications (PTT)
Primerica/Smith Barney/Shearson
Prodigy
Providence Securities
Putnam

Q
Quick & Reilly

R
Rabobank
RAI
Raymond James
RCA
Real Goods Trading Corporation (RGTC)
Research and Development (RAND)
Reuters News
R. J. Forbes
Robinson-Humphrey
Rosenkrantz, Ehrenkrants, Lyon & Ross Inc.

S
Salomon Brothers
Scientific Data System (SDS)
Sears
Securities and Exchange Commission (SEC)
Securities APL
Security Pacific Banks
Shearson
Shearson Lehman Hutton
Shields & Company
Singapore International Monetary Exchange (Simex)
SIP
Southeast Banking
Spear Financial Services
Spear Securities
Sprint
Stanford Research Institute
Staten Island Foundation

St. John's University
Street Spring Brewing
System Development Corporation (SDC)
SWIFT (Society for Worldwide Interbank Financial Telecommunication)

T
TD Ameritrade
TD Bank
TD Waterhouse
Texas Securities
The Gartner Group
The Source
Thomas F. White & Co.
Thomson Financial
Thomson Reuters
Titan Values
Toronto-Dominion Bank
Toronto Dominion
TradeCast
Trade*Plus
TransTerra
TRG
Troster Singer
TSB
Tymnet

U
UAS Automation Systems
Uninet
UNIVAC
Università della California Los Angeles
Università dell'Illinois
Università di Cambridge

Università di Delft
Usenet
US General Accounting Office

V
Verbraucherbank
Verizon
Videofinancial Services
Viewdata

W
Wachovia
Wall Street Access (WSA)
Wall Street Investor Services
Waterhouse Investor Services
Waterhouse National Bank
Waterhouse Securities
Web Street Securities
Wellington
Western Electric
Westminster Bank
White Discount Securities
Worldcomm

Y
Yahoo

Indice dei nomi

A
Aiken, Koward
Alberto del Belgio
Anderson, C. Derek
Andreessen, Marc
Asimov, Isaac
Atanasoff, John
Aufhauser, Keith R.

B
Ball, George
Baran, Paul
Barners-Lee, Tim
Bartimo, Jim
Behrens, Herbert
Beranek, Leo
Berry, Clifford
Boesky, Ivan
Bolt, Richard
Bradhurst, S.W.
Brennan, Robert E.
Bruk, Isaak
Bunker, George
Bunkji, Okazaki

C
Cailliau, Robert
Carter, Jimmy
Citron, Jeffrey A.
Clark, Theodor H.K.
Corso, Philip
Cotsakos, Christos
Cronin, Mary

D
Di Caprio, Leonardo
Donaldson, William
Dreyfus, Philippe
Duca d'Edimburgo

E
Eckert, John

F
Fedida, Samuel
Flowers, T.H.
Fomon, Robert,

G
Giscard d'Estaing, Valéry
Giuliani, Rudolf
Gore, Al
Green, Hugh Carleton

H
Hardy, Norm
Hughes, Howard
Hutton, Edward F

J
Jobs, Steve

K
Kay, Alan
Kelleher, Denis P.
Klein, Andrew
Kleinrock, Leonard
Koehn, Peter
Kopko, Edward M.
Kopko, Frederick
Kussmaul, Wes

L
Larkby, Geoff
Lebedev, Sergei
Leibniz, Gottfried
Levine, Dennis
Levine, Joshua
Licklider, Joseph
Lufkin, Dan

M
Madoff, Bernard
Maschler, Sheldon
Mauchly, John
McCoy, John
McGivney, Joseph P.
Meth, Joseph
Michal, Kenneth J.
Milken, Michael.
Minc, Alain
Moroney, William
Mr. Gold

Mr. Schifreen

N
Newcomb, Bernard
Newman, Robert
Nora, Simon

O
Obama, Barack

P
Pascal, Blaise
Porter, William
Pouchard, Jean-Yves
Pustilnik, Jerome
Pyatt, Barry

R
Ramo, Simon
Richter, Alfred
Rickett, Joe

S
Saburo, Muroga
Scorsese, Martin
Smiley, Richard
Spear, Charles (Chuck)
Spicer, Robert
Stetz Tobias, Natalie

T
Taub, Jack
Tisch, Tom
Turing, Alan

Tymes, LaRoy

U
Ule, Max

V
Valley, George
Van der Poel, W.L.
Von Meister, Bill
Von Neumann, Janos

W
Westland, J. Christopher
Whipple, Jay
White, Thomas
Wozniak, Steve

Z
Zuse, Konrad

———

Tutti i diritti riservati
© 2022 Mediosfera, Milano
www.Mediosfera.it – info@mediosfera.it

www.ingramcontent.com/pod-product-compliance
Lightning Source LLC
Chambersburg PA
CBHW052320220526
45472CB00001B/202